桃李思源

——伴随交大每一天

（上）

SWJTU Our Alma Mater

—BE WITH, GROW WITH, FLY WITH

主　编　张雪永　战　凤
副主编　钱　淼　韩琴英
编　委　刘　堃　张　壹　曹文翰

西南交通大学出版社
·成都·

图书在版编目（CIP）数据

桃李思源：伴随交大每一天 / 张雪永，战凤主编.
—成都：西南交通大学出版社，2014.5
ISBN 978-7-5643-3050-7

Ⅰ. ①桃… Ⅱ. ①张… ②战… Ⅲ. ①西南交通大学
–纪念文集 Ⅳ. ①G649.287.11-53

中国版本图书馆 CIP 数据核字（2014）第 089004 号

Tao Li Si Yuan： Bansui Jiaoda Meiyitian

桃李思源

——伴随交大每一天（上、下）

主编 张雪永　战　凤

责任编辑	杨岳峰
版式设计	朱超元　张志伟
封面设计	严春艳
出版发行	西南交通大学出版社 （四川省成都市金牛区交大路 146 号）
发行部电话	028-87600564　028-87600533
邮政编码	610031
网　　址	http: //press.swjtu.edu.cn
印　　刷	四川川印印刷有限公司
成品尺寸	185 mm × 260 mm
总 印 张	24
总 字 数	299 千字
版　　次	2014 年 5 月第 1 版
印　　次	2014 年 5 月第 1 次
书　　号	ISBN 978-7-5643-3050-7
套　　价	50.00 元

有这样一所大学，118年前在华北的一个小城悄然降生。在她稍后出生的十几所同类学校都不幸夭亡，她却幸运地得以存续；

有这样一所大学，经历了十数次的更名和搬迁，但战火、地震、流亡都无法把她摧垮，无论面临怎样的困境，校园中总回荡着不辍的弦歌；

有这样一所大学，对完美有着近乎苛刻的追求，那些百里挑一进门的学子，有近一半中途落伍，无法登堂入室，但却无怨无悔，终生视之为圣地；

有这样一所大学，在延伸中国十万公里铁路的每一根钢轨上留下了她的印痕，铸就了中国大学史的一段传奇。

无数的坎坷终究伤了她的元气，在如今的大学丛林中，她似乎有些落伍，有些力不从心。但我们知道，在她的躯体内，终究还流淌着滚烫的热血，还蕴藏着自强不息的灵魂。

在建校之初幸运存活的背后，有着怎样的风云激荡？

在克服种种磨难的过程中，有着怎样的不屈抗争？

在诸多学子对她无怨无悔的情感里，埋藏了什么样的秘密？

在近代大学传奇的演绎中，我们能解读出什么历史信息？

领略大师风采，探寻百年传奇，重温青葱岁月，让我们一起走进交大历史……

1896

2012年1月1日 我校原铁道工程系1977级校友回母校纪念毕业30周年。

1月1日

1951年1月1日 中央人民政府在中南海勤政殿举行团拜、聚餐。茅以升校长应邀参加，与毛泽东主席同席，即席请他为我校（北方交通大学）题写校名，毛泽东主席欣然允诺。

1月2日

1950年1月2日　学校讨论通过温课决定，以总结教学经验、巩固学习成果为目的，并将其作为精简课程与改进教学的准备，各班积极响应，展开“温课运动”。

1月3日

1992年1月3日　我校沈志云教授当选中国科学院学部委员（1993年后改“学部委员”为“院士”）。

沈志云教授（左二）在英国考察

1月4日

1994年1月4日　学校召开全校学科建设工作会议，提出了“以学科建设为中心，以提高教育质量为根本，坚持改革开放，坚持改进思想政治工作”的办学总方针。

同日　国家教委公布首批入选的42名跨世纪优秀人才名单，我校30岁副教授翟婉明光荣入选，是铁道部所属高校中的唯一入选人（四川省高校仅3人入选）。

1987年1月5日　我校四个科研项目被批准为国家自然科学基金项目，依次是：加筋土以挡结构的工作机理、非控轧微合金化高强钢中粒贝的形成及其对性能的影响、含表面裂纹结构的弹塑性断裂力学分析及安全评定、表面裂纹及三维弹塑性断裂力学分析。

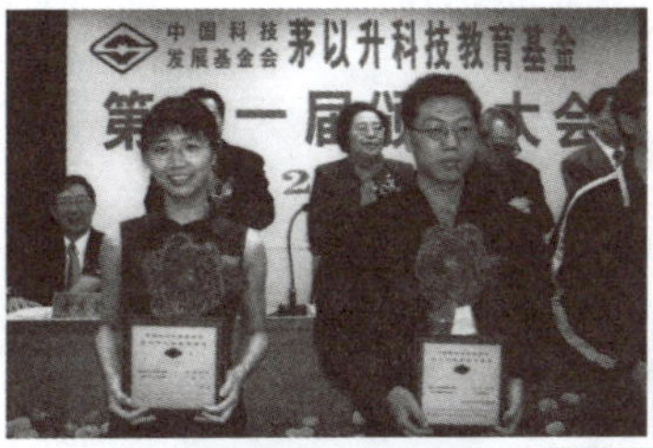

1月5日

1991年1月5日　中国科协振华基金会第一次会议及茅以升科技教育基金管理委员会成立大会在北京召开，我校沈大元校长当选该管理委员会常务委员。在成立大会上颁发了首届茅以升科技奖。

2010年1月5日　我校交通运输实验中心入选国家级实验教学示范中心。至此，学校已有6个国家级实验教学示范中心（含建设单位）。

2011年1月5日　经中共中央组织部批准，我校李志林教授和冯志强教授入选国家第五批“千人计划”。

1月6日

1978年1月6日　铁道部党组决定正式恢复在“文化大革命”中瘫痪的中共西南交通大学委员会。

1988年1月6日　为了开辟和加强我校与广东沿海地区的科技合作，我校土木系、计算机系、电气系、机械系及科研处有关人员于当日去广州，与广东省交通厅、广州市建委等单位签订了科技合作协议。

2011年1月6日　西南（唐山）交通大学大连校友会成立。

1979年1月7日　《人民日报》报道："西南交大发扬党的实事求是的优良传统，彻底纠正冤案，坚决不留尾巴。"党的十一届三中全会以来，我校对错划的右派分子进行摘帽、安置与恢复名誉工作，全校共解决80多人的问题，清退了400多人的不实材料。

1986年1月7日　我校在北京为老校友、老校长、著名科学家、中国科协副主席、全国政协副主席茅以升教授从事教育、科研工作65周年暨90寿辰举行庆祝活动。

西南交大发扬党的实事求是的优良传统

彻底纠正冤案　坚决不留尾巴

茅以升手稿

1月7日

1961年1月7日　学校决定成立机车车辆研究室、桥梁隧道研究室、铁道自动化研究室、理化研究室、铁道线路与路基研究室、铁道运输研究室。

1993年1月7日　我校王金诺、张世昌两教授被评为1992年度国家级有突出贡献的中青年科技专家。

1月8日

1947年1月8日　在国民党全面发动内战之后，物价飞涨，法币大幅度贬值，我校教职员工的工资处于冻结状态，生活难以维持。当天，我校教授因此罢教。

1965年1月8日　铁道部吕正操部长，就我校迁校建校做出“自己动手，迁校建校”的指示。

1972年1月9日　最后一批由唐迁峨人员及家属到达峨眉。至此，我校唐、峨两地办学的局面结束。

1991年1月9日　我校老校友、老校长、老教授茅以升95周年诞辰，茅老家乡——江苏省镇江市隆重举行纪念活动。我校李植松副校长带着全校12000多名师生员工对茅老的崇敬和缅怀之情，参加了纪念活动。

2006年1月9日　在全国科学技术大会上，我校5项成果获科技进步奖。其中，翟婉明教授主持的“铁道机车车辆—轨道耦合动力学理论体系、关键技术及工程应用”获全国科技进步一等奖。该项目同时入选2005年度“中国高等学校十大科技进展”项目名单。

1月9日

1989年1月10日　由计算机系进行的“ETHERNET扩展系统开发研究”通过四川省科委技术鉴定。鉴定委员会认为，“ETHERNET扩展系统开发研究”项目具有国内领先水平，有实用和推广价值。

2011年1月10日　在全国高校开展的“工程硕士研究生教育创新院校、特色领域”评选活动中，我校被评为“全国工程硕士研究生教育创新院校”。电气工程、建筑与土木工程、交通运输工程三个领域被评为“全国工程硕士研究生教育特色工程领域”。

2014年1月10日　2013年度国家科学技术奖励大会在北京举行，我校主持的科研成果“高速铁路供电综合监控技术与装备”荣获2013年度国家科技进步二等奖。

1月10日

1949年1月11日　时局动荡、大部分师生员工南迁上海、萍乡之际，院务不可或停。在茅以升、赵祖康、侯家源诸校友的推荐下，并经教育部允准，由唐振绪校友接替请辞的顾宜孙院长代行院务。

1994年1月11日　我校1993级、1994级本科生参加了全国15个省市百余所工科院校高等数学、大学物理统一考试。结果我校学生高等数学平均成绩88.56分，高于试卷期望值(77分)11.56分，最高成绩100分(14人)，及格率99.8%，优秀率50.7%；大学物理平均成绩81.39分，高于试卷期望值(70分)11.39分，最高成绩100分(6人)，及格率96.3%，优秀率20%。我校两课平均成绩、高于试卷期望值分值、及格率、优秀率四项在四川省18所院校中位于前列。

1月11日

2008年1月11日　我校罗忠贤老师研制的课件“工程流体力学”在首届全国高等学校土木工程专业多媒体教学课件竞赛中获一等奖。

2010年1月11日　在2009年度国家科学技术奖励大会上，我校喜获3项国家科技进步奖，获奖数量在全国高校中排名第七。以我校为第一完成单位，由翟婉明教授主持的，与北京交通大学、中国铁道科学研究院、中南大学共同完成的科研成果“列车过桥相互作用理论、安全评估技术及工程应用”荣获国家科技进步二等奖；我校张卫华教授参加的（我校排名第二单位）科研成果“时速250公里动车组高速转向架及应用”荣获国家科技进步一等奖；姚令侃教授参加的（我校排名第二单位）科研成果“西部山区公路铁路泥石流减灾理论与技术”荣获国家科技进步二等奖。

1989年1月12日　由校报编辑部举办的全校1988年十件大事有奖评选活动揭晓。尧茂书首漂长江、学校挂牌成都、首批师生进入总校、预分配形成“冲击波”、隆重举行90周年校庆、实行校长负责制并成立校务委员会、“教改十五条”措施出台、获得首批博士学位授予权、铁道部批复我校“七五”规划、全国青年力学竞赛获奖被选为我校十件大事。

1月12日

1月13日

1984年1月13日　经国务院学位委员会批准，我校桥梁隧道及结构工程专业增补两名博士学位研究生指导教师，他们是劳远昌、车惠民教授。

1988年1月13日　在北京铁路局160t内燃铁路起重机公开招标中，我校与大桥局桥梁厂联合中标夺魁。160t内燃铁路起重机是我国铁路事故救援和现代化建设的重大关键设备，也是当时我国最大的铁路起重机。

1月14日

1953年1月14日　我校为集中力量保证完成北京德胜门外花园路新建校舍工程的计划、设计及施工任务，成立建校委员会。

1月15日

1956年1月15日　我校举行第二次教师试做毕业设计答辩。答辩委员会由铁道部设计总局林诗伯总工程师任主席，涂允政等19人任委员，苏联专家雅科夫列夫担任顾问。

1960年1月15日　学校决定设置应用化学专业，在数理力学系增设新班次，设置无线电电子学和铁道自动化专业，将当时的桥梁与隧道专业分设为桥梁专业和地下铁道及隧道专业。

1992年1月15日　经国家科委批准，我校学报从1992年起由季刊改为双月刊出版，是高校学报中第一家被批准为双月刊的。

1月16日

1987年1月16日　我校1982届毕业生沈定平在参加第五批全国经理、厂矿长统考中获湖南省总分第一名，企业管理单科成绩位居全国之首。

1月17日

1990年1月17日　我校于万聚教授等承研的『接触网检测车』在郑州局主持的科研项目国际招标中中标。

1月18日

2013年1月18日　中共中央、国务院在北京人民大会堂隆重举行国家科学技术奖励大会，我校孙林夫教授主持的科研成果“基于ASP/SaaS的制造业产业价值链协同平台”、吴广宁教授主持的科研成果“牵引供电关键设备安全运行检测技术与应用”、施富强教授等参加的科研成果“建（构）筑屋拆除定向爆破关键控制技术与工程应用”获国家科学技术进步二等奖。

1月19日

1912年1月19日　中华民国成立后，邮传部改称交通部，我校由交通部直辖。同时，民国教育部颁发普通教育暂行办法，规定“学堂”一律改称“学校”。我校更名为唐山铁路学校（原名唐山路矿学堂）。

1949年1月19日　我校教授与茅以升、赵祖康、胡博渊、朱国洗等校友联合举行谈话会，商谈我校南迁后的校址与恢复上课事宜。会议决定在上海寻觅独立性校舍。

1988年1月19日　我校任朗教授编著的《天线理论基础》荣获电子工业部工科电子专业优秀教材特等奖。

1月20日

2010年1月20日　校报报道：我校健美操队在“第四届中国学生健康活力大赛暨2010年世界啦啦队锦标赛中国选拔赛”中荣获冠军。

1992年1月21日　位于我国海拔最高处的电气化铁路——兰(州)武(威)电气化铁路兰打（兰州至打柴沟）段正式开通。我校研制的微机远动系统，为沿线300公里以内的5个牵引变电所送电，一次合闸成功，这在国内属首次。

1月21日

1986年1月22日　我校成都总校（今成都九里校区）初步设计审查会议在成都举行。大会听取了承担总校设计任务的西南设计院总体设计负责人的介绍。

1989年1月22日　我校孙腊凤、韩慧珍、尹启泰三位教师共同研制的“交通远动技术政策研究”获得国家科委、计委、经委联合颁发的“对国家12个重要领域技术政策研究项目的积极贡献奖”。这个项目在1988年7月曾荣获国家科学技术进步一等奖。

同日　我校电气化与自动化研究所在川黔线牵引供电远动系统的国际招标中，以良好的技术和合理的价格击败了包括日本、英国科研单位在内的其他5家竞争对手而一举中标。

1月22日

1月23日

1973年1月23日　经四川省革命委员会批准，我校革命委员会成立。革命委员会为临时行政组织，由32名委员组成。

1月24日

1959年1月24日　我校召开第十四届学生代表大会，讨论通过修改后的学生会章程，选举第十四届学生会委员会。

2013年1月24日　中国首辆燃料电池电动机车在我校诞生，命名“蓝天”号。

1月25日

2007年1月25日　首届国际太极邀请赛在香港举行，我校教师陈骊珠参加比赛并获三项冠军。

1月26日

1964年1月26日　铁道部高等工业学校铁路专业毕业设计资料在我校展出。展示内容包括学生的毕业设计样本、毕业设计参考资料及部分指示书等，后在各院校巡回展览。

1992年1月26日　洛阳铁路分局西南（唐山）交通大学校友会成立，名誉会长汪成琨、会长王治民。

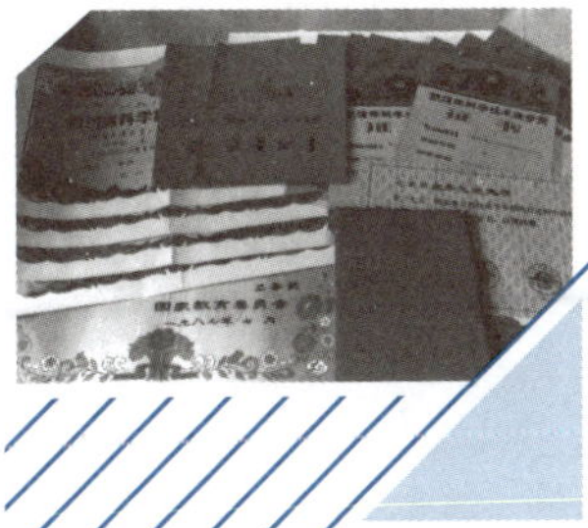

1月27日

1月28日

1956年1月28日　铁道部转发国家计划委员会通知，同意我校在兰州建校。

2013年1月28日　为纪念我校校友、中国著名水利专家、教育家严恺院士诞辰100周年，严恺院士铜像在我校犀浦校区落成。严恺1933年毕业于国立交通大学唐山工程学院，当年该届有两个班学生毕业，其中乙班32人，后来有4人成为中国科学院、中国工程院院士。除了严恺，还有力学专家张维、结构工程专家刘恢先、航空工程专家林同骅。一个班出了4位院士，成为我校历史上的一段佳话。

1月29日

1986年1月29日　学校同意将土木系建筑学专业划出成立建筑系。建筑系于当年4月28日正式成立。我校建筑工程系曾于1946年6月设立，1951年8月被调整到北京铁道学院。

1966年1月30日　铁道部部长吕正操在成都召见我校领导，宣布铁道部决定：党委书记、院长顾稀调动工作，委派杜景云接任我校党委书记、院长。

1月30日

1月31日

2月1日

1949年2月1日　经唐振绪代院长奔走，上海交通大学同意我校借用该校教室、实验室及其他设备作在沪复课之用。上海交通大学校友会同意借用全部新文治堂作为我校办公及教职员、学生宿舍之需。当天，院务会议决定即日起在沪筹备复课，还决定在院务会议之下设立应变委员会处理师生的生活问题。

2月2日

1930年2月2日　奉校本部指示，我校创设“交通大学研究所唐山土木工程学院分所”。其宗旨在于与铁道部所属各单位随时取得联系，共同进行研究，同时接受外界委托进行调查、研究、试验。

1955年2月2日　我校成立专家工作室，作为联系与服务到校苏联专家的工作机构，聘请了莫斯科铁道工程学院副教授诺维柯夫、罗斯托夫铁道学院副教授斯维托夫两位苏联专家。

2月3日

1993年2月3日　四川省普通高校第二届优秀教学成果奖评审揭晓，我校靳蕃教授的“紧密跟踪世界高科技的发展，开创研究生课程建设新方向”和杨元副教授的“在‘高等数学’的教学实践中培养新时代人才的使命”获二等奖。

2月4日

1950年2月4日　我院院务委员会下设常务委员会，唐振绪等7人为常务委员。

2月5日

1980年2月5日　我校党委召开党政干部和讲师以上教学人员会议。党委书记刘圣化传达邓小平同志《目前形势和任务》《在全国教育工作会议上的讲话》，并联系实际提出我校的贯彻意见。

2月6日

2月7日

1907年2月7日　学堂监督（同校长）方伯梁向铁路局总办报告称，今后学堂布告一律使用英文，并由总教习署名。

2月8日

1956年2月8日　根据高等教育部指示，当年在我校本科暑假毕业生及助教、讲师中选拔留苏预备研究生。为做好此项工作，学校成立了留苏预备研究生办公室。

1975年2月8日　根据铁道部通知：铁道部已于1月26日开始办公，凡原交通部所属铁路专业单位，机构不变，单位名称的冠头均由“交通部”改为“铁道部”。西南交通大学名称应为“铁道部西南交通大学”。这是铁道部自1970年并入交通部后独立建制。

1955年2月9日　第一期工务干部班学员51人入学。这是我校首次为培养高级技术管理干部开办的干部班。参加这一期学习的学员大都是1938年左右参加革命工作，新中国成立后从事铁路建设的现场领导干部。学制为两年半，于1957年8月毕业。

2月9日

1991年2月9日　西南（唐山）交通大学福建校友联谊会在福州成立，选举朱念祖为名誉会长，李魁明为会长。

2月10日

2001年2月10日　以国家超导技术专家委员会首席专家甘子钊院士，国家超导技术专家委员会委员、国家超导重点实验室学术委员会主任、高温超导磁悬浮实验车项目责任专家赵忠贤院士为首的专家组来校，对我校主持的国家“863”计划课题“高温超导磁悬浮实验车”进行验收。专家组认为这一成果标志着我国已在高温超导磁悬浮应用基础研究和相关技术的研究方面取得了重大突破，达到了世界同类研究水平，一致同意通过验收。

2月11日

1938年2月11日　在全面抗战爆发的危难之际，茅以升代理院长来到湘潭就职，受到师生们的热烈欢迎。茅代院长到任后即着手安排邀聘教员，因矿冶系师资一时难以配齐，动员矿冶系学生尽可能转入土木系。茅代院长旋即前往长沙、汉口等地请求调拨经费，与湖南大学商订两校矿冶系的合作事宜，以便矿冶系高年级学生在该校借读。

1964年2月11日　接铁道科学技术委员会通知：我校除参加韶山型2号机车上的实际试验工作以外，可以主持一些理论分析、方案设计性的研究课题和DQ-300型单项整流子牵引电动机的解体检修、试验改进等课题。

2月12日

1997年2月12日　铁道部批复西南交通大学、北方交通大学、上海铁道大学、华东交通大学、长沙铁道学院、兰州铁道学院、大连铁道学院、南京铁道医学院、苏州铁道师范学院、石家庄铁道学院十所铁路高校制订的“九五”发展规划。我校规划的“九五”期间在校生规模均为6000人（本科生4800人、研究生1200人）。

2000年2月12日　根据国家和教育部等部门《关于调整国务院部门（单位）所属学校管理体制和布局结构的实施意见》精神，我校以独立建制正式划转教育部管理，自本日起，我校列入教育部直属高校系列。

2月13日

2004年2月13日　我校“机械设计”课被列为首批国家精品课程（四川高校共有6门课程入选）。

2月14日

2003年2月14日　中共中央组织部、教育部、国家计委、财政部、人事部、国务院扶贫办联合表彰我校为“全国学校对口支援工作先进单位”（我校对口支援单位为西藏大学）。

- 1941年2月14日　土木系1942级同学为发扬“自由研究之精神”发起组织“力行土木工程学会”。当天，召开筹备会（我校在唐山时原有土木工程学会，抗战开始后因学校一再搬迁而中止活动）。
- 2012年2月14日　在国家科学技术奖励大会上，我校何川教授的“大型及复杂水下隧道结构分析理论与设计关键技术”成果荣获2011年度国家科学技术进步二等奖。

2月15日

1945年2月15日　在我校登报要求师生由贵州平越齐集四川璧山丁家坳之后，师生大部赶到。当天即正式复课。

1949年2月15日　我校到沪不久，师生吃饭问题发展到严重阶段，侯家源、茅以升诸校友发动校友捐米，接济我校师生员工。当日在上海国际饭店召开唐山交大校友年会，决定为我校筹集应急大米600石。

2月16日

1954年2月16日　高等教育部决定该学期在全国范围内委托有关高等工业院校制订工科各专业统一教学计划。其中委托我校修订的教学计划有铁道建筑、桥梁隧道、铁道运输机械、铁道运输动力和电气运输5个专业。

1995年2月16日　根据国家教委1994年高等学校科技统计资料显示：我校1991年至1993年科技经费分别为1580万元、3020万元、4345万元，在全国近千所高校中分别名列第29位、21位、19位，进入全国高校前30名行列。

同日　我校校友张万宇捐赠植树仪式在南园家属区外的环湖路上举行。这次张万宇先生捐资15万元人民币，绿化校园。

2013年2月16日　教育部公布2011年度长江学者特聘教授、讲座教授名单，我校陈新中教授、欧阳华江教授、杨沙教授入选2011年度长江学者讲座教授名单。至此，我校长江学者人数增至13名。

2009年2月17日　教育部学位与研究生教育发展中心公布2007—2009年全国学科评估结果及排名，我校交通运输与工程一级学科再次位列全国第一。

2月17日

2月18日

1953年2月18日　学校举行期末考试。这次考试，一年级全部和高年级的部分课程第一次采用了苏联的考试方法——口试。在评分方面，改百分制为5分4级(优秀、良好、及格、不及格)制。

2月19日

- 2004年2月19日　由我校范平志教授担任总体设计的三星堆编码系统在我校问世。

2月20日

1957年2月20日 接铁道部通知，根据国家有关方针，取消对我校兰州新址的投资，兰州建校工程停建，已开工的项目由铁道部安排收尾。

1985年2月20日 确定成都总校（今成都九里校区）新址位于成都市金牛区九里村南一带。当地地形平坦，高差最大4.8米，地下水丰富，含水层厚15米以上，水质较好，具有良好的建筑条件。

2月21日

2012年2月21日 时值中国工程院机械与运载工程学部常委会在成都召开，学校邀请到中国工程院院长周济等17位院士莅临我校。院士们参观了我校轨道交通实验室及峨眉校区，对我校建设成果赞不绝口。

2月22日

1940年2月22日　斐陶斐励学会唐山分会由于抗战爆发停止活动已达三年。会员于1940年集会，决议恢复活动。1939级吴天佑，1941级谢祚孔、华志、何东升四人被选为新会员。

1955年2月22日　根据我国《高等教育12年规划（草案）》，为适应我国铁路发展现代化的需要，我校开始制订12年规划。

2月23日

1964年2月23日　我院老校友、外交部副部长曾涌泉应邀来我院作有关反修防修问题的报告。

1979年2月23日　在党委扩大会议上，党委书记刘圣化作了题为“把全校党的工作重点转移到教学、科研上来，为培养更多的高质量铁路建设人才而奋斗”的总结讲话。这是学校为落实党的十一届三中全会精神，把我校党的工作重点转移到教学、科研上来而举行的一次重要会议。会议自9日开始持续半月。

2月24日

1941年2月24日　力行土木工程学会召开成立大会，会员44人均出席。会上选举邢芙初为会长，并聘请教授茅以升、罗忠忱等为名誉会员。

2月25日

北方交通大學之印

2009年2月25日　我校2007级硕士研究生朱炜喜获2008年度“中国大学生自强之星标兵”殊荣和“中国大学生新东方自强奖学金”特等奖。

1991年2月25日　中宣部、人事部等国家部委在北京人民大会堂联合召开全国有突出贡献的博士硕士学位获得者、留学回国人员和优秀大学毕业生表彰大会，我校机车车辆研究所副所长孙翔教授，科研处有限元研究室周本宽教授，应用力学研究所宁杰副教授，我校1982届土木系毕业校友、铁二院三分院副院长、地质工程师顾聪，我校结构工程专业1981届硕士研究生王士午获奖。

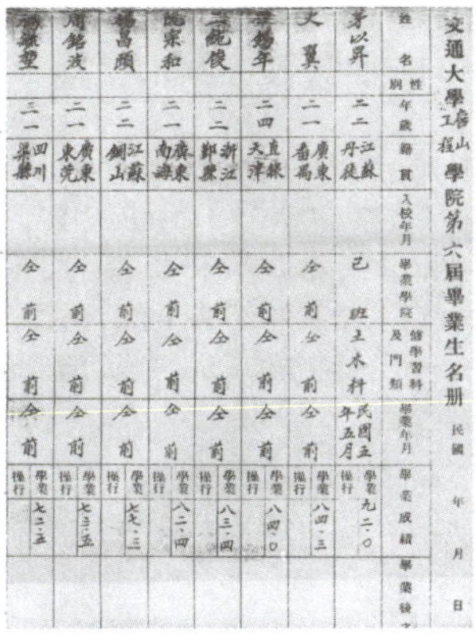

交通大學唐山工程學院第六屆畢業生名冊　民國　年　月　日

姓名	性別	年歲	籍貫	入校年月	畢業學院	修習學科及門類	畢業年月	畢業成績 學業	畢業成績 操行
茅以昇		二二	江蘇丹徒		已班	土木科	民國五年五月	九二·〇	
文翼		二一	廣東番禺		仝前	仝前	仝前	八四·三	
[illegible]錫年		二四	直隸天津		仝前	仝前	仝前	八四·〇	
[illegible]毓俊		二二	浙江鄞縣		仝前	仝前	仝前	八三·四	
[illegible]宗和		二一	廣東南海		仝前	仝前	仝前	八二·四	
[illegible]昌頤		二二	江蘇銅山		仝前	仝前	仝前	七七·三	
[illegible]銘波		二一	廣東東莞		仝前	仝前	仝前	七三·五	
[illegible]毓璽		三一	四川[illegible]縣		仝前	仝前	仝前	七二·五	

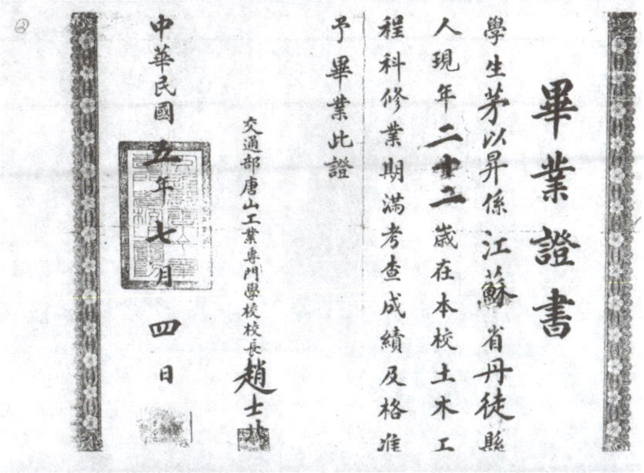

畢業證書

學生茅以昇係江蘇省丹徒縣人現年二十二歲在本校土木工程科修業期滿考查成績及格准予畢業此證

交通部唐山工業專門學校校長趙士[illegible]

中華民國五年七月四日

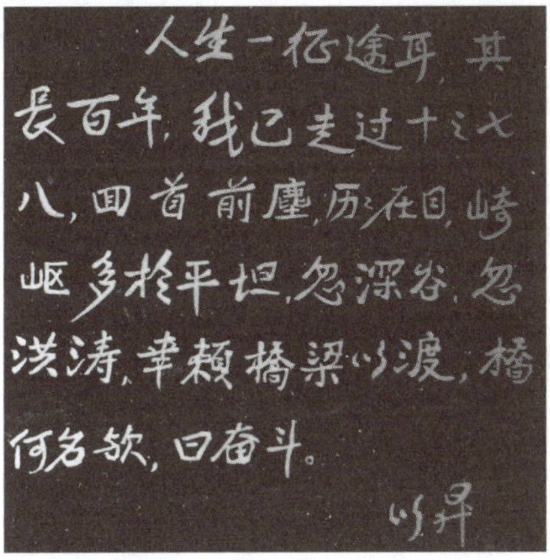

人生一征途耳，其長百年，我已走过十之七八，回首前塵，历历在目，崎岖多於平坦，忽深谷，忽洪涛，幸賴橋梁以渡，橋何名欤，曰奋斗。

以昇

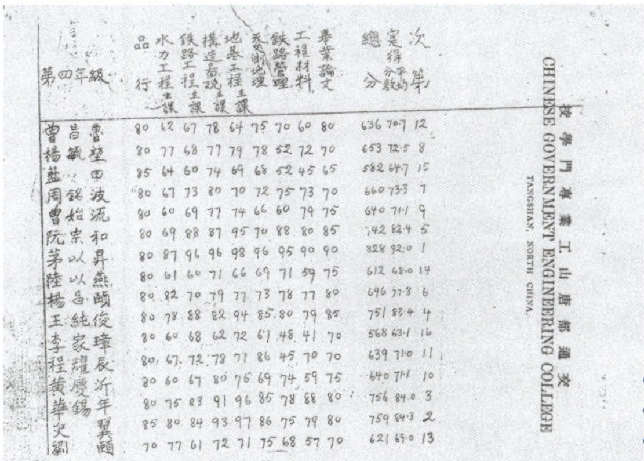

交通部唐山工業專門學校
CHINESE GOVERNMENT ENGINEERING COLLEGE
TANGSHAN, NORTH CHINA.

第四年級	品行	水力工程	鐵路工程	構造意說	地基工程	天文測地理	鐵路管理	工程材料	畢業論文	總分	平均分數	第次
曾昌曹	80	62	67	78	64	75	70	60	80	636	70.7	12
楊毓壑	80	77	68	77	79	78	52	72	70	653	72.5	8
藍田	85	64	60	74	69	68	52	45	65	582	64.7	15
周銘波	80	67	73	80	70	72	75	73	70	660	73.3	7
曹始流	80	60	69	77	74	66	60	79	75	640	71.1	9
阮宗和	80	69	88	87	95	70	88	80	85	742	82.4	5
茅以昇	80	87	96	96	98	96	95	90	90	828	92.0	1
陸以燕	80	61	60	71	66	69	71	59	75	612	68.0	14
楊邑頤	80	82	70	79	77	73	78	77	80	696	77.3	6
王純俊	80	78	88	82	94	85	80	79	85	751	83.4	4
李家瑋	80	60	68	62	72	67	48	41	70	568	63.1	16
程耀長	80	67	72	78	77	86	45	70	70	639	71.0	11
黃慶沂	80	60	67	80	76	69	74	59	75	640	71.1	10
華錫年	80	75	83	91	96	85	78	88	80	756	84.0	3
史翼	85	80	84	93	97	86	75	79	80	759	84.3	2
劉頤	70	77	61	72	71	75	68	57	70	621	69.0	13

2月26日

2004年2月27日　中央电视台著名节目主持人、我校兼职教授罗京专程赴峨眉校区为同学们作精彩演讲，近千名学生参加。

2007年2月27日　在2006年度国家科学技术奖励大会上，我校周仲荣、朱旻昊、陈光雄、刘启跃、徐桂珍等人完成的“微动摩擦学研究”获2006年度国家自然科学奖二等奖。该奖项的获得，结束了四川省近5年未获得过国家科学技术奖励自然科学奖的历史，也是我校历史上自然科学奖方面的最高级奖励。我校同时获得奖励的还有张卫华、曾京、张红军等完成的“铁道机车车辆走行部理论研究与应用”，获国家科学技术进步奖二等奖。

2月27日

2009年2月27日　国家科学技术部对我校《国家轨道交通电气化与自动化工程技术研究中心可行性论证报告》做出批复，同意我校“国家轨道交通电气化与自动化工程技术研究中心”列入国家工程计划研究中心组建项目计划。

同日　在土木学院会议室举行了我校铁路与铁道工程专业越南留学生裴富营同学的博士论文答辩会。最终，他以优秀的成绩通过答辩。由此他成为我校百年历史上首位用中文撰写博士论文，并且能够用中文进行研究生论文答辩的外国留学生。

2月28日

1990年2月28日　校长沈大元率队前往成都铁路局，就学校与成都铁路局一年来科技合作、人才培养的进展情况交换了意见。这是学校进入成都后，全面进行路内外联系与合作的开端。

2月29日

1988年2月29日　我校《天线理论基础》(任朗著)、《车辆构造》(章涵绪、严隽耄主编)、《起重运输机械金属结构》(王金诺编)、《铁路选线设计》(郝瀛、栾维新主编)、《铁路钢筋混凝土桥》(何广汉、谢幼藩、车惠民、卢和乐合编)等五部教材获国家优秀教材奖，《材料力学》(孙训方、方孝淑、关来泰等编)获国家教委优秀教材二等奖。根据《中国教育报》公布的数据统计，我校教材获奖数居四川省和铁路高校首位。

3月1日

1950年3月1日　由我校代管的铁道部铁道技术研究所正式成立。研究所下设土木材料研究组、金属材料研究组、化学研究组、电工研究组、机械工厂。这是中国铁道科学研究院的前身。

1978年3月1日　为落实党的知识分子政策，恢复技术职称，经省革委会文教组批准，我校提升黄克欧、朱育万、孙训方三人为教授，车惠民、潘启敬、王兆祥三人为副教授。这是“文化大革命”后开始的首次职称晋升。

1984年3月1日　我校编辑出版的《西南交通大学学报》，经国家科委批准向国内外公开发行。4月24日，四川省新闻出版局为《西南交通大学学报》办理了公开发行手续。

2001年3月1日　我校研制的世界第一辆载人高温超导磁悬浮实验车参加国家“863”计划十五周年成就展。江泽民总书记和胡锦涛副主席、温家宝副总理等党和国家领导人参观并乘坐了实验车。

2011年3月1日　我校运输1979级校友、兼职教授、《西南交通大学学报》（自然科学版）副主编、美国阿肯色大学终身教授王郴平先生凭借在“自动化道路检测和数据分析技术”方面的创新研究，荣获美国土木工程师学会（ASCE）2011年度运输工程大奖（Frank M. Masters Transportation Engineering Award）。他是自1976年该奖项设立以来获奖的首位华人。

3月2日

- 1972年3月2日　交通部发文通知我校："唐山铁道学院现已迁往峨眉，校名自一九七二年三月一日起改为西南交通大学。"
- 1994年3月2日　我校高庆、孔祥安、关宝树、强士中、杜文、钱清泉、诸昌钤、刘应清、孙翔等九位教授被国务院学位委员会批准为博士生指导教师。

2006年3月2日　桥梁设计大师、美国国家工程院院士、林同炎国际集团董事长兼技术总监邓文中博士受聘为我校名誉教授。

2009年3月2日　学校成立政治学院。

1972年3月3日　经中共四川省委讨论决定，调原省文教办公室副主任、高教局副局长袁仲凡同志（我校1938届校友）到我校负责工作。鉴于我校革委会、党委会均未成立，其任职以后再定。

1987年3月3日　由铁道科学研究院、我校等14个单位共同协作完成的科研项目——无缝铁路新技术的研究和推广应用，获首届国家科学技术进步一等奖。同日，我校靳蕃教授被全国总工会授予“全国优秀教育工作者”称号并荣获“五一”劳动奖章。

1998年3月4日　受国家教委委托，铁道部聘请重庆大学丁培道教授、四川联合大学涂铭旌院士和我校刘应清教授、连级三教授、鲍维千教授组成自评专家组对我校牵引动力国家重点实验室1995年通过国家验收以来的工作进行了评估。牵引动力国家重点实验室顺利通过评估。

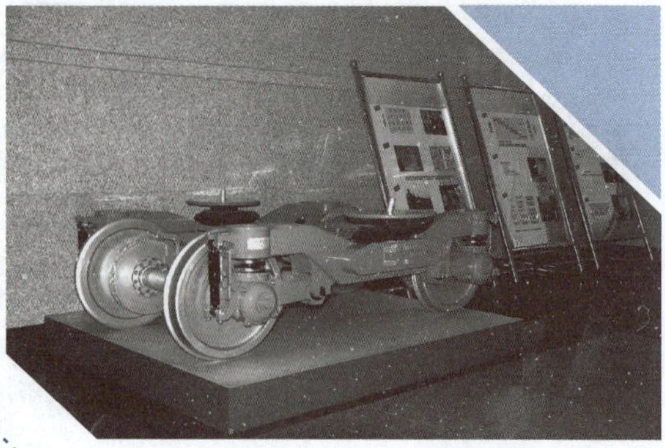

4 3月 日

2000年3月4日　我校牵引动力国家重点实验室进行的试验型高速动力车车体转向架，试验速度达到每小时350公里。这是由我国自行研制完成的中国首台试验型高速动力车车体转向架承担的试验。

同日　经詹天佑铁道科技发展基金委员会终审，我校有8人荣获第四届詹天佑奖。沈志云院士荣获詹天佑大奖；郭耀煌、高庆（力学、女）、刘惠德3人荣获詹天佑人才奖；程文明、高仕斌、龚建民、钱永久4人获詹天佑青年奖。

3月5日

1988年3月5日　铁道部批准我校成立西南交通大学研究生院。
2004年3月5日　我校牵引动力国家重点实验室在科技部组织的国家评估中被评为“优秀国家重点实验室”（全国仅5家）。

1990年3月6日　由陈大鹏教授、周本宽副教授主研的“杂交/混合有限元”获国家教育委员会科学技术进步二等奖。

6 3月 日

2013年3月7日　为纪念我校1933届校友、“世界地震工程之父”刘恢先院士诞辰100周年，刘恢先院士纪念雕像在我校犀浦校区落成。

3月7日

1930年3月7日　奉教育部令，自1930年起，各校不得再招预科生，各校原有预科办至结业为止(实际上我校从1929年起已停止招生)。

1953年3月7日　我校为有组织有计划地领导教职员学习俄文，特由行政、党、团、工会及中苏友协我校支会组成教职员俄文学习委员会。

1988年3月7日　铁道部批准我校成立西南交通大学成人教育学院。

1921年3月8日　交通大学董事会成立。董事会由十七人组成，徐世章被推选为董事长。董事会第一次会议投票选举叶恭绰为交通大学校长，并报经大总统批准。

1946年3月8日　奉教育部令：行政院核准，同意我校迁回唐山。我校组成迁校委员会，负责处理迁校事宜。

8日 3月

1955年3月8日　根据国家城市建设不宜集中、沿海城市不宜发展的方针，铁道部决定唐山铁道学院不在北京建校。我校在北京德胜门外的建校工程后移交给铁道部干部学校继续修建。

1985年3月8日　电气工程与计算机科学系划分为电气工程、计算机科学与工程两个系。

2007年3月8日　教育部公布新世纪优秀人才支持计划2006年度入选人员名单，我校陈庆春、戴焕云、何正友、冷永祥、李孝红、李永乐、赵春发7人光荣入选。

9 3月日

1990年3月9日 羊八井国际宇宙线研究中方委员会成立大会在我校召开。中科院高能物理所谭有恒研究员当选为主任，我校焦善庆教授等四位同志当选为副主任，白家棣副校长被聘为中方委员会顾问。

2010年3月9日 人力资源和社会保障部、科技部、教育部等7部门联合发文，公布2009年“新世纪百千万人才工程”国家级人选名单，我校钱林茂、何川两位教授榜上有名。

3月10日

1962年3月10日　从即日起我校连续6天举行学术报告会。邀请铁道部总工程师郭彝(本院1917届校友)，为铁道系师生作了题为“关于选线设计中的现场经验”的学术报告；邀请铁道部科学研究院安宝琦(我校1950届校友)、吴家豪工程师为运输系师生作了题为“编组站在国外的发展趋势”及“铁路枢纽的总体改造”的学术报告。

- 1965年3月10日　经中央批准，我校迁建峨眉。
- 1991年3月10日　电磁场与微波技术研究所与德国斯图加特大学高频技术研究所合作的“最佳形状低副瓣弯曲振子天线”“最佳形超导曲线振子天线及其阵列的研究”项目，获国家自然科学基金会资助。“低副瓣曲线振子的研究”“代反射器曲线振子阵的研究”项目获法国国家DFG基金资助，这是我校第一项正式国际合作项目，该项目已发表系列论文20多篇，研究成果达到国际先进水平。

11 3月日

1963年3月11日　我校召开第四次函授站工作会议。自1960年10月以来，我校调整了函授站，由26个调整至19个；调整了函授专业，由原来的8个调整至6个；整顿了函授生队伍，由2100人调整至1255人。

1946年3月12日 伍镜湖教授和刘炽晶教授由四川璧山赴唐山和北平办理我校校园的接收工作，准备复员。

1995年3月12日 我校装备处在图书馆新投建一个由62台486微机(其中一台为CAMPAQ专用服务器，一台为多媒体)组成的现代化高档次计算机机房，供教学和学生上机使用。这是当时高校机房中的最高配置，在四川地区高校中属一流水平。

1997年3月12日 美国PTC公司在成都锦江宾馆鸿宾厅举行盛大仪式,向我校捐赠价值120万美元的CAD/CAE/CAM系统：PRO/ENGINEER软件10套。

12 3月 日

1999年3月12日 人事部、全国博士后管理委员会批准我校增设电气工程、土木工程、机械工程3个博士后科研流动站。

同日，我校桥梁与隧道工程、道路与铁道工程、电力系统及其自动化、车辆工程等4个学科被列为“长江学者奖励计划”第二批特聘教授岗位学科。

2003年3月12日 学校新增传播学、音乐表演、生物信息学、电子信息科学与技术、材料成型及控制工程、生物医学工程、景观建筑设计、物流工程、交通设备资讯工程、森林资源保护与游憩、中药学、工业工程12个本科专业。

2012年3月12日 校领导与在京参加“两会”的我校校友举行座谈。蔡庆华、何华武、钮小明、金国生、吴云天、茅玉麟、傅永林、李凤芹、杨兵、罗霞、孙林夫等代表，北京、大连校友会庄福来、樊继忠等出席。

- 1951年3月13日　经中共唐山市委批准，我校建立党总支委员会。当时全校党员共60人。
- 1978年3月13日　我校隆重举行开学典礼，热烈欢迎1977年招收的新生521人(其中增招走读生110名)到校学习。这批学生是“文化大革命”后恢复文化考试首次招收的新生。学制改为四年。

3月13日

- 1989年3月13日　《西南交大报》被载入由中国社会科学院新闻研究所和首都新闻学会读者调查组联合编纂的《当代中国报纸大全》。《西南交大报》创刊于1950年1月20日，原名《人民唐院》，后改名为《交大唐院》《新唐院》，十年“文革”中停刊，1977年6月10日复刊。

1986年3月14日　我校机械工程系改称机械工程一系，机车车辆系改称机械工程二系。
1999年3月14日　我校杨立中、张卫华、郝瀛、陈小川等4人荣获1998年度茅以升铁道科技奖，詹志峰同学荣获1998年度茅以升工程教育学生奖。
2004年3月14日　教育部公布全国高校2004年新设招生的本专科专业名单，我校有七个专业榜上有名，分别是法语、广告学、制造工程、网络工程、遥感科学与技术、工程结构分析和消防工程。

14 3月 日

15 3月日

1979年3月15日　我校第20次学生代表大会圆满结束，大会选举产生了第20届学生会共24名委员，一致通过了《努力办好学生会，团结全体同学为四化献青春》的工作报告。这是“文化大革命”结束后召开的第一次学生会。

1991年3月15日　我校“牵引变电所远动装置”，在国务院重大技术装备领导小组第二次国家重大技术装备表彰及经验交流会上获得特等奖。

2002年3月15日　我校高温超导磁悬浮实验车被列为2001年度“中国高校十大科技进展”项目之一，排名第二，并在2002年4月27日举行的四川省科学技术奖励大会上荣获特等奖。

16 3月日

1985年3月16日　学校确定了8月份赴美出席美洲交大校友会代表团名单，代表团由王润霖、沈大元、钱治平、钱冬生、陈大鹏五人组成，并研究了赴港考察团的组建工作。

17 3月 日

1946年3月17日　伍镜湖教授抵达唐山联系接收事宜。住在学校的日军俘虏开始撤出。

◎ 1963年3月18日　国家计委下达我校移址（从唐院本部至三分部）迁建任务书。计划任务书是周恩来总理批准的。建设规模为本科生3600人，研究生400人，占地25公顷，建筑面积11.2万平方米，投资2400万元。

◎ 1984年3月18日　我校大学生文工团成立，第一批团员98人。

18日 3月

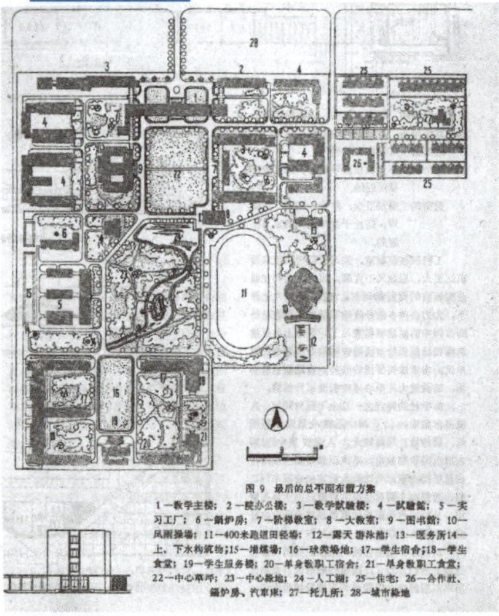

◎ 2002年3月18日　我校校友、新浪CEO茅道临先生访问我校。

◎ 2010年3月18日　印度韦洛尔理工大学校长G. Viswanathan、中印教育科技联盟印方主席Sahya Moorthy、中印教育科技联盟中方主席盛之一行来校访问。

◎ 2011年3月18日　据校报报道，深圳市名囊科技转化研究所根据“名囊大学排名法”，推出了“培养的学生最具财富创造能力的中国大学排名”。我校在此排名中位列第8。从第1名至第10名分别是：上海交通大学、清华大学、中南大学、中国社会科学院、北京大学、香港理工大学、北京科技大学、西南交通大学、西安交通大学、中欧国际工商学院。

19 3月 日

1906年3月19日　山海关铁路局呈报清政府铁路督办称：开平矿务局恳请学堂除路科外增办矿科，并请将学堂名称改为唐山路矿学堂。
1956年3月19日　铁道部通知，我校铁道建筑、桥梁隧道、铁道运输机械、电气运输、铁道经营等各专业从1956年入学新生开始改学制为五年制。

李芾

1999年3月19日　经教育部批准，李芾博士被批准为我校载运工具运用工程学科首批“长江学者奖励计划”特聘教授，成为全国40所高校73名首批特聘教授之一。
2011年3月19日　第二届全国大学生数学竞赛决赛上，我校2009级本科生刘丛志荣获全国一等奖。

1997年3月20日　由奥地利维也纳农业大学、格拉茨技术大学、维也纳技术大学、可拉根瑞大学、维也纳皇家艺术学院等大学校长组成的奥地利大学校长代表团来我校访问，与我校校领导和两院院士沈志云等进行了会谈，双方就交通、铁路及人员交流等项目进行了商讨，并就一些问题达成了共识。

20日 3月

1981年3月20日　由铁道部教育局主持，组成八个专业教材编委会，编写适用于铁路高等学校有关专业的教材。由我校有关专业负责内燃机车、铁道车辆、铁道机械化、电力机车及供电、铁道自动化、铁道工程及桥梁隧道六个编委会。

1998年3月20日　由我校研究设计、武汉桥梁机械厂制造的铁路救援技术重型装备——160t伸缩臂式铁道救援吊车问世。

◉1986年3月21日　我校老校友、名誉教授、美籍华裔科学家林同炎博士，于3月12日在华盛顿白宫接受美国总统里根授予的国家科学技术奖章。我校致电林同炎校友，表示热烈祝贺。

◉ 2002年3月21日　西藏大学师资培训基地在我校正式挂牌。
◉ 同日　学校成立建筑学院。
◉ 2009年3月21日　“重建精神家园——汶川大地震都江堰纪念馆设计”2008年全国大学生建筑设计竞赛评审会议在我校落下帷幕。大赛评出佳作奖以上作品117件，我校获得一等奖1项、二等奖1项、三等奖3项，占全部15件一、二、三等奖作品的1/3，另获佳作奖6项。获奖等级、数量、比例均居全国参赛院校之首。

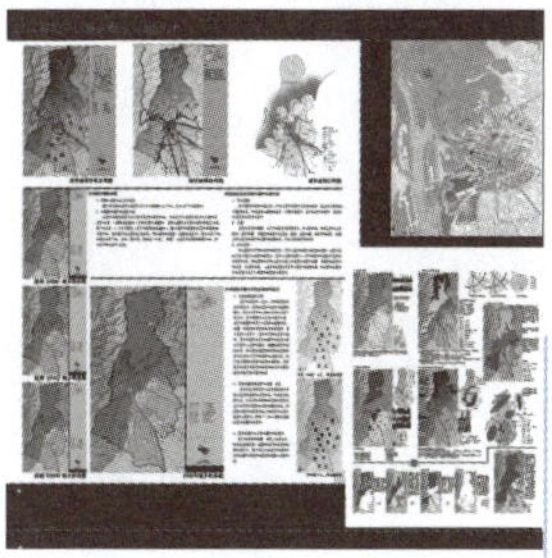

21 3月 日

2013年3月21日　由翟婉明院士任首席科学家的“973”计划项目“高速铁路基础结构动态性能演变及服役安全基础研究”正式启动，启动工作会在成都加州花园酒店成华厅举办。这一项目是我校主持的第三个与国家轨道交通事业紧密相关的重点基础研究项目，也是我国高速铁路基础结构领域的第一个“973”计划项目。

22 3月日

1959年3月22日　我校科学技术协会筹委会成立并召开第一次会议。王继光、罗河教授分别传达了河北省科协第一次代表大会精神和全国科协主席范长江的指示精神，与会者选出筹委会委员25人，一致选举罗河教授为主席。

1991年3月22日　我校设立人见胜人奖学金委员会。人见胜人是日本京都大学教授，生产管理系统工程学的创始人，我校顾问教授。他于1988年来校讲学后，捐出讲课酬金在我校设立奖学金，以奖励管理工程专业本科生和研究生更好地献身于管理科学事业。

1996年3月22日　我校主持的“高速动力车体转向架关键部件的研究”及“减轻重载列车与线路相互作用及操纵优化的研究”两项“八五”重点科技攻关专题通过铁道部组织的验收。

同日　我校牵引动力国家重点试验室成功完成韩国200km/h豪华客车的试验台动力学实验，这是实验室利用整车滚动振动试验台完成的第一个涉外项目。

23 3月 日

1990年3月23日　应美国HP公司的邀请，副校长白家棣教授率团于3月5日赴美访问HP公司，并对HP-9000型计算机进行考察与验收。在美国期间他们同时访问了加州大学伯克莱分校、圣莎西大学，拜会了我校在美的部分老校友，看望了我校在美的部分留学生，受到校友及留学生们的热情接待。

2004年3月23日　国家自然科学基金项目、铁道部重点科研项目“自动跟踪同步通信卫星平板相控天线阵”由国际著名天线专家、我校任朗教授研制成功。

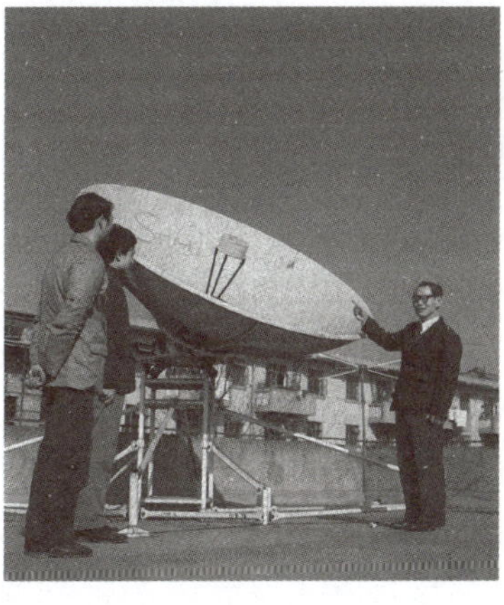

1990年3月24日　铁道部召开大秦铁路万吨单元重载列车试验领导小组会议。在本次试验中，我校主要承担1台“8K”机车牵引8000吨、2台“8K”机车牵引超万吨的试验，并测试开行万吨级重载列车对大秦铁路线路、桥梁等的影响。试验小组以北京局为组长单位，我校和铁科院为副组长单位。

3月24日

25日 3月

1989年3月25日　经学校研究决定，成立西南交通大学艺术中心。艺术中心面向全校师生员工，侧重于青年学生。活动方式主要是组织和辅导大学生开展各种艺术方面的社团活动，并为大学生开设各种艺术选修课。

1993年3月25日　我校研制的国内第一台100t全液压定长臂铁路起重机通过鉴定。

1997年3月25日　我校强士中、徐扬教授荣获“1996年度国家有突出贡献的中青年专家”称号。

1951年3月25日　我校第一批参加抗美援朝工程队的70人出发赴朝。工程队由铁道部组织领导，我校参加人员有木土系四年级学生60人，教职工10人。工程队负责修建顺川、介川两机场的技术工作。

1956年3月25日　为推动学生科技活动的开展，我校举行第一次学生科学技术讨论会。会上，铁道科学研究院院长茅以升校友作了《我国铁道科学的发展远景》的报告。会议分五个小组进行报告和讨论。4个系的17位同学作了专题报告，苏联专家诺维柯夫、铁道科学研究院和北京铁道学院等兄弟院校的代表也分别参加了分组讨论。

1960年3月26日　我校机56-3班学生与济南铁道学院师生协作，完成我国第一台煤气柴油内燃机车的设计任务。
1984年3月26—28日　铁道部第二设计院总工程师、四川省铁道学会副理事长，我校1941届校友胡惠泉同志来校讲学。

26 3月 日

- 1986年3月26日　我校高渠清教授于3月24—26日赴日本参加国际隧协与日本隧协联合举办的海底隧道报告会，并主持了会议的讨论。

- 1990年3月26日　我校承研的国家“七五”重点科技攻关专题“25.5米空调双层客车”课题组被国家计委、国家科委、财政部授予集体荣誉证书。
- 2010年3月26日　我校学生张凯在首届“顶嵌杯”全国嵌入式系统C语言编程大赛中获得唯一一个特等奖。

27日 3月

1992年3月27日　由我校和河海大学、清华大学等8所高校合作研制的高等学校工科结构力学课程试题库，通过了国家教委组织的专家鉴定。鉴定委员一致认为，该试题库是我国高等工程教育界近期取得的一项较重大的教育科学研究成果，题库达到国内领先水平，在适用范围、总题量、题型和组卷方式方面达到国际先进水平。

1906年3月27日　清政府铁路督办批准我校增办矿科的请求，并确定学堂名称为唐山路矿学堂。

1976年3月27日　1976届工农兵学员346人毕业，这是“文化大革命”开始以来我校第一届毕业生。

1982年3月27日　我校成立学位评定委员会。评委会由17名委员组成，曹建猷任主席，高渠清、路湛沁任副主席。

28 3月 日

2007年3月28日　在教育部举行的2006年度长江学者特聘教授、讲座教授受聘仪式暨长江学者成就奖颁奖典礼上，我校翟婉明教授获得“长江学者成就奖”一等奖，成为这一奖项自设立以来工程科学领域的首位获奖者。同年，翟婉明教授主持完成的研究成果“铁道机车车辆—轨道耦合动力学理论体系及工程应用”入选科学出版社出版的英文文献《国家自然科学基金二十年历史》(Twenty-years History of the National Natural Science Foundation of China)。该书在研究成果专栏中共收录了国家自然科学基金委成立20年来资助的21项代表性研究成果。

1949年3月28日　属华北人民政府交通部（解放区）领导的华北交通学院师生员工从石家庄迁入我校唐山校园。

1997年3月28日　我校跨世纪人才翟婉明教授和郑凯锋教授、许建平博士入选全国“百千万人才工程”。

2005年3月28日　在北京人民大会堂隆重举行的2004年度长江学者特聘教授、讲座教授受聘仪式上，我校赵永翔、张卫华被聘为“长江学者”特聘教授。

2012年3月28日　我校与北京交通大学在九里校区学术交流中心院士厅签署战略合作协议，两所交通大学将共同翻开联袂打造全球化“交大”品牌的新篇章。北京交通大学校长宁滨、我校校长陈春阳出席签约仪式。

- 1979年3月29日　校工会召开第十二次代表大会。大会选举产生了新的工会委员会。在此之前，我校工会已停止活动长达十三年之久。
- 1988年3月29日　我校已故罗忠忱教授在香港和内地的四位子女罗孝祚、罗孝师、罗榕威和罗榕英联名给沈大元校长写信，表示愿意捐款3万元人民币，在学校设立“建侯力学奖学金”，每年奖励力学课程成绩优秀的学生。这是以个人名义在我校设立的第三个奖学金。

29 3月日

1989年3月29日　由蒋鸿基副教授牵头，我校和省建十二公司经过两年的合作，完成了“网络技术在蜀都大厦工程施工工程的应用”研究。这项研究成果被采用，经过合理施工，使得当时中国西部最高建筑——蜀都大厦的主体施工工程提前70天完成。
1996年3月29日　铁道部同意我校增设经济法专业，同意备案日语、装饰艺术设计专业。
2011年3月29日　学校与瑞典卡尔斯塔德大学合作共建的孔子学院正式成立。这是四川省高校在欧洲建立的第一所孔子学院。

30日 3月

1981年3月30日　中国科学院公布400名学部委员（即院士）名单，在这些委员中交通大学校友和毕业生有钱学森等41名。其中在我校任过教的有：严东生、王鸿桢、袁见齐、朱物华、吴自良、魏寿昆、曹建猷(现仍任教)、张伯声8名，在我校毕业或肄业的有：庄育智、刘恢先、肖纪美、严恺、茅以升、张沛霖、张维、陈能宽、周惠久、徐采栋、高济宇11名。另外，中国科学院已故学部委员中我校校友有：竺可桢、汪菊潜、方俊、李俨、钱崇澍；在我校工作过的师长有刘仙洲、陈新民。

- 1949年3月30日　上海解放前夕，我校奉命成立应变委员会，其宗旨在于维护全院师生员工之安全与生活。当天，应变委员会举行成立大会，唐振绪被推选为主席，并通过了委员会章程。
- 1955年3月30日　在唐山市第一届人民代表大会上，我校罗河教授当选为副市长。

  1957年3月30日　高等教育部同意我校桥梁隧道系增设工业与民用建筑专业。

  1988年3月30日　铁道部批复我校："鉴于你校成都新址今年8月底前将有10万平方米房屋竣工，初步形成一定规模的办学条件，经研究，同意你校于今年3月30日起在成都新址(成都市西北桥外九里堤)挂牌，以西南交通大学的名义对外办公。峨眉部分作为西南交大的分校。"
- 2006年3月30日　我校有4门课程被评为国家精品课程，分别是"高电压技术""材料力学""选线设计""生产管理学"。
- 2012年3月30日　铁道工程系隧1978级校友毕业30周年返校。

31 3月日

1951年3月31日　铁道部拨款为京、唐两院添购教学设备。唐院分得相当于100万斤小米的设备费（当时货币以小米折算）。为此，我校派冶金系教授章守华赴东欧各国及瑞士采购教学与科研设备。这是我校自成立至当时，添购教学与科研设备最多的一次。

1984年3月31日　成都地区交大校友分会举行成立大会，出席会议的校友有300余人，孙勋副校长代表我校参加会议。

1994年3月31日　铁道部“211”工程咨询专家组到我校检查指导工作，认为我校已具备进入“211”工程项目建设的基础和条件。

1999年3月31日　由我校土木系1943届旅美校友黄国焘先生和夫人袁修芳女士捐资设立的黄袁基金会正式成立，该基金会将奖励我校每年在创新活动中取得优异成绩的10名学生和6名教职工。

2000年3月31日　西南（唐山）交通大学无锡校友会改选，郜焕秋当选为会长。

2007年3月　我校电气工程学科在全国高校学科评估中喜获全国第十名，首次进入全国前十的行列。

2012年3月　交通部总工程师凤懋润来校讲学。

奉獻世紀 科教興國
贺母校100周年校庆
西南（唐山）交通大学北京校友会敬立
1996年5月15日

1 4月 日

1980年4月1日　为进一步培养提高全路各级领导干部的技术业务和企业管理水平，我校举办的第十届干部班于当天开学。全路32个局、厂、院校的72名干部来校学习，学制两年半（我校从1955—1966年连续举办过九届干部班，共培养学员495名）。

2013年4月1日　中国工程院中低速磁浮交通技术与产业发展战略研究启动会在我校九里校区学术交流中心多功能厅举行。中国工程院三局副局长李仁涵，中国科学院院士严陆光，中国工程院院士刘友梅、乐嘉陵、顾国彪等出席启动会。

2 4月 日

2013年4月2日 我校2013年各地校友会会长、秘书长联席会在上海召开。

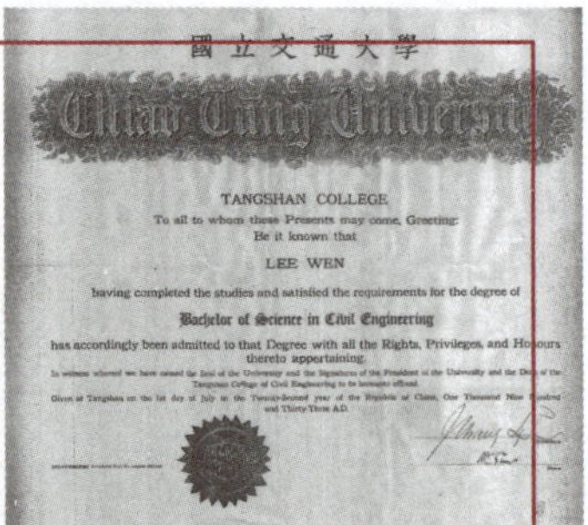

國立交通大學

TANGSHAN COLLEGE

To all to whom these Presents may come, Greeting:

Be it known that

LEE WEN

having completed the studies and satisfied the requirements for the degree of

Bachelor of Science in Civil Engineering

has accordingly been admitted to that Degree with all the Rights, Privileges, and Honours thereto appertaining.

3 4月日

◎1966年4月3日　中共中央政治局委员贺龙、李井泉同志在红珠山招待所接见我校何志先副院长等领导，就建校与校社结合问题作了指示。

◎1999年4月3日　我校特聘教授李芾博士应邀参加了在北京举办的“长江学者奖励计划”首批特聘教授受聘暨“长江学者成就奖”颁奖典礼，全国政协副主席朱光亚向李芾博士颁发了聘书。

◎2001年4月3日　张世昌教授主持的研究成果“反向坡度引导磁场自由电子激光器研究”参加“‘863’计划十五周年成就展”。

4月4日

1996年4月4日　西南（唐山）交通大学呼和浩特校友会成立。

4月5日

◎ 1993年4月5日　我校成立牵引动力实验室(国家级重点实验室)，沈志云院士任主任。

◎ 1997年4月5日　我校1931届校友、国际著名结构工程专家、美国工程科学院院士、美国总统国家科学奖章获得者林同炎及夫人一行回母校访问。

林同炎

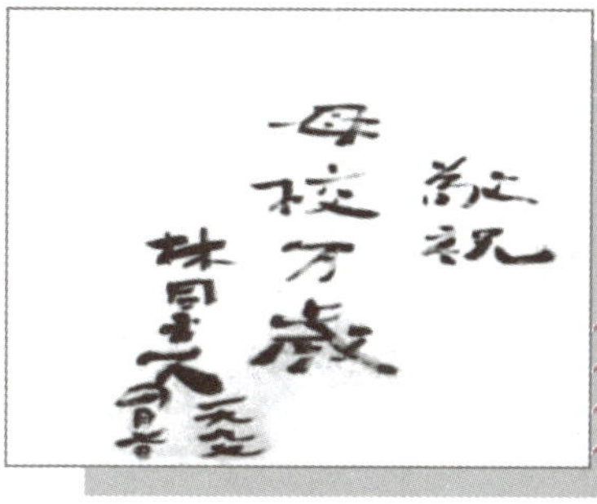

6 4月日

1956年4月6日　中共唐山铁道学院第一次党员代表大会召开。全院共有党员421人，出席的正式代表有64人，候补代表有16人。顾稀作《唐院党组织贯彻执行党的知识分子政策的基本情况及今后意见》的报告。大会选举顾稀任书记。

2001年4月6日　学校成立外国语学院。

7 4月 日

1950年4月7日　唐山市中苏友好协会唐山工学院分支会理事会开会，张文奇教授当选会长，史家宜教授当选副会长。全校开展学习《中苏友好同盟互助条约》的活动。

4月8日

1954年4月8日　铁道部教育局来函："已奉上级机关批准，你院在北京建校，希查照办理。"

1978年4月8日　全校召开师生员工大会，热烈欢迎出席全国科学大会的代表王金诺及特约代表罗河教授返校。王金诺在会上作了传达报告，全校师生受到极大鼓舞。

1984年4月8日　交通大学校友总会在上海成立，会员一致推举朱物华教授为名誉会长。当时参加校友总会的有五所交通大学，它们是：上海交通大学、西安交通大学、西南交通大学、北方交通大学（今北京交通大学）、台湾新竹交通大学。校友总会会长由这五所交通大学校长轮流担任。

1985年4月8日　我校第一位博士研究生陈君礼进行论文答辩。他的论文题目是《I型裂纹尖端的蠕变损伤与扩展速率》，导师是孙训方教授。

1989年4月8日　西南（唐山）交通大学上海校友会成立。校友会始终奉行"友谊、支持、合作、发展"及"团结、爱国、爱校、奉献"的精神，致力于弘扬西南交通大学的光荣传统，促进母校的振兴与发展。

1998年4月8日　《西南交通大学学报（英文版）》被SA（Science Abstracts）收录。

2005年4月8日　我校新增工业设计、信息化制造工程二个博士学位授权点。

1946年4月9日　奉教育部令，唐、平两院恢复旧名，迁回原址。

1985年4月9日　我校孙竹生教授和高家驹副教授被聘为铁道部科学技术顾问委员会委员。

2008年4月9日　我校代表团应邀参加了在台湾新竹交通大学举行的“2008交通大学全球校友商界领袖峰会”。

9 4月 日

4月
10
日

1956年4月10日　铁道部同意在我校铁道建筑系内筹设水文地质及工程地质专业，从1957年开始招生。

◉ 1992年4月10日　据国家科委公布的《1990年中国科技论文统计与分析》年度报告分析，按美国科技情报所编辑出版的《科学引文索引》《科学技术会议目录索引》《科学评论索引》三家权威刊物的统计，1988年至1990年我校在国际上公开发表的科技论文数，首次进入全国高校前50名之列，在理工科院校中排名第26位。又据《美国工程索引》的统计，1990年我校在国际上公开发表的科技论文数在全国理工科院校中排第25位。从以上两种排位名次来看，我校在国际上公开发表的科技论文数都居全路高校之冠。

◉ 2011年4月10日　学校“十二五”规划北京校友征询意见会在京召开。

2000年4月11日　我校牵引动力研究中心青年教师张卫华的博士学位论文《机车车辆运行动态模拟研究》入选2000年全国优秀博士学位论文，全国共有100篇博士论文获此殊荣。

2005年4月11日　我校以“长江学者”翟婉明教授为带头人的“现代轨道车辆相关技术”研究创新团队入选教育部2004年度“长江学者和创新团队发展计划”创新团队，成为交通领域唯一入选的团队。

11 4月 日

12 4月 日

2013年4月12日　由我校和北京交通大学联合牵头、中南大学重点参与的“轨道交通安全协同创新中心”经多轮专家评审，顺利从167个申请项目中脱颖而出，进入2012年度14个“2011协同创新中心”（即“2011”计划）认定公示名单。2012年5月7日正式启动的“2011”计划是我国高等教育领域继“211”工程、“985”工程之后第三个体现国家意志的战略性计划，它以“国家急需、世界一流”为根本出发点，以人才、学科、科研三位一体创新能力提升为核心任务，通过构建面向科学前沿、文化传承创新、行业产业及区域发展重大需求的四类协同创新模式，推进高校八个方面的机制体制改革，通过任务牵引和中心建设推动转变高校创新发展方式，促进高等教育质量的提高，建立冲击世界一流的新实力，支撑我国经济社会又好又快发展。

13 4月日

唐山交通大學院

1989年4月13日　由我校主持、铁道科学院协助完成的“计算机编制列车编组计划”在北京通过铁道部主持的技术鉴定。这项成果在计算方法的可靠性及计算结果的精确性方面，填补了我国用计算机编制列车编组计划的空白。

2008年4月13日　交通大学湛江校友会成立。

◉2011年4月14日　我国首个专门从事研究思维与智慧的科学研究机构“思维与智慧研究所”在我校正式成立。

14 4月 日

1988年4月14日　我校张泽熙、罗河、李汶、王柢等四名老教授受到中国建筑学会表彰。

1991年4月14日　交通大学美洲校友会主席郑国宾学长来我校进行了为期两天的访问。此间，郑国宾先生参观了计算中心、工程结构中心、图书馆、峨眉分校，并与计算机系的教师、研究生进行了学术座谈。

15 4月日

1987年4月15日　《四川日报》报道我校研制的“WSQ微机数控驱动装置”获四川省科技进步二等奖。

2009年4月15日　我校“管理工程”和“电磁场与微波技术”两学科被评为四川省省级重点学科。

2009年4月15日　校报报道台湾新竹交通大学校友会捐助我校学子，向我校扬华教育发展基金捐赠新台币30万元，用于资助家在汶川地震灾区的学生完成学业。

2012年4月15日 交通大学江西校友会九江分会成立。

- 1979年4月16日　学校设立西南交通大学俱乐部，负责学校教职工文化活动组织工作。
- 1981年4月16日　我校隆重举行中国民主同盟西南交大支部、九三学社西南交大支社恢复组织活动大会。“文化大革命”发生以来，学校的民主党派被迫停止活动十余年。
- 1988年4月16日　我校1943届校友陆恂如先生捐款50500美金、人民币36000元，在我校设立“陆氏基金”和“陆氏奖学金”。

16 4月 日

17 4月 日

1952年4月17日　铁道部指示我校在电机系设置电气运输专业，并从1952年暑假开始招生。

1985年4月17日　我校留学法国的研究生韩思慧获博士学位，他的博士论文《工程力学滞后理论》获法国全国科学研究中心授予的优秀论文奖。

2003年4月17日　“国家大学生文化素质教育基地”在我校正式挂牌，成为全国32个国家大学生文化素质教育基地之一。

2010年4月17—18日　交通大学重庆校友会召开理事换届大会。

18 4月 日

2006年4月18日　老校长茅以升雕像揭幕仪式在美国卡内基—梅隆大学举行。应该校科恩校长邀请，周本宽校长专门赴美参加揭幕仪式。

1985年4月18日　国务院学位委员会审议通过学科评议组第二届成员名单，我校高渠清、曹建猷两位教授被聘为学科评议组成员(铁道、公路、水运学科评议分组)。

1993年4月19日　学校成立电气工程学院和计算机与信息工程学院。
2013年4月19日　诺贝尔生理学和医学奖获得者Harald zur Hausen教授受聘为我校兼职教授。

4月
19日

20 4月日

1985年4月20日　王润霖校长主持召开校长办公会议，讨论决定：（1）接受日本大阪府建设业协会今材先生的邀请，我校拟组成四人代表团对日本大阪、京都进行访问。（2）决定聘请美国宾夕法尼亚大学教授顾毓琇和美国纽约理工学院教授彭松村为我校名誉教授。二人分别于7月18日和8月13日接受聘请。（3）着手准备参加美洲交大校友会各项工作，等等。

1993年4月20日　电气工程学院钱清泉教授荣获全国五一劳动奖章。

1997年4月20日　以我校为主开发的青城山磁浮列车工程试验示范线可行性研究报告通过国家科委评审，该线全长1.6公里。

2013年4月20日　上午，四川雅安芦山地震发生后，我校地质工程专家胡卸文教授于当天上午10：30抵达芦山县城，与省厅有关领导会合后，冒着余震不断、飞石崩落等危险，进入震中核心区指导当地抗震救灾工作。

1981年4月21日　我校成立管理工程教研室，张震教授任教研室主任。它是管理系、经济管理学院的前身。

21 4月 日

1999年4月21日　我校范平志教授荣获“1998年度国家有突出贡献的中青年专家”称号。

同日　我校5项成果获四川省第八次社会科学优秀科研成果奖。它们分别是：《中国多市场非均衡联立模型研究及应用》（论文）、《科技成果转化的法定方式及其评价》（论文）、《当代大学生深层次思想问题的理论研讨》（专著）、《国家公务员职业道德》（专著）、《关系与合同：中国、北美企业家商务谈判能力行为价值观念的比较研究》（论文）。

4月22日

1933年4月22日　连日来校园上空日机不断骚扰，并撒传单。1935届同学建议南迁上海，得到全院响应。学校于4月22日决定南迁，并于当日从唐山启程。

1957年4月22日　我校电机系杜庆萱教授等三人前往北京参加我国第一种电力机车(UQ-80型)设计工作审定会。

2003年4月22日　经教育部批准，我校成为全国首家设立景观专业硕士点、博士点的高校。

2006年4月22日　西南（唐山）交通大学唐山校友会举行“西南（唐山）交通大学上海校友会庆祝母校建校110周年庆祝大会”。

2010年4月22日　应唐山市委、市政府的邀请，我校“百名教授回唐山”考察交流活动拉开帷幕。在校领导的带领下，百余名老教授在阔别唐山近40年后再次回到这片热土。他们与唐山市领导一起，抚今追昔，畅叙友情，共商发展大计。校领导与唐山市领导一起为“西南交通大学唐山研究院”揭牌。

4月23日

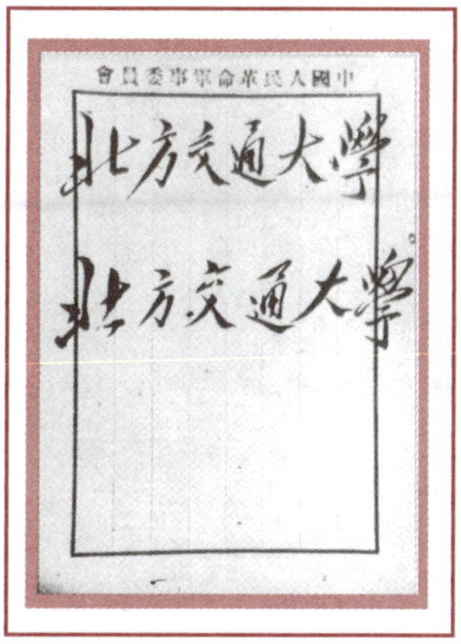

1951年4月23日　铁道部办公厅通知校部：毛泽东主席已为北方交通大学（当时我校校名）题写校名。金士宣副校长当即到中央人民政府办公厅取回。消息传来，京唐两院一片欢腾。

1954年4月23日　电气运输系集会，欢迎参加我国第一条电气化铁路(宝成铁路北段)设计工作的教师胜利完成任务返校。

2006年4月23日　交通大学杭州校友会举行庆祝母校成立110周年大会。
2011年4月23日　1989级校友返校参观并设立奖学金。
同日 交通大学杭州校友会召开特别年会庆祝母校115周年校庆。

2000年4月24日　电子与通信技术装备专业专家朱中梁院士、卫星地面站天线及高效馈源技术专家叶尚福院士受聘为我校名誉教授。

24 4月 日

1933年4月24日　学校南迁到达上海，暂借沪校（今上海交通大学）校舍住宿，准备恢复上课。

25 4月日

2012年4月25日　由我校陆地交通地质灾害国家工程实验室联合四川奥斯特边坡防护工程有限公司在广汉市建成的国内首座抗落石冲击试验平台正式投入使用。该平台成功地对自主研发的新型活动式被动防护系统开展了冲击能量高达1000kJ（模拟5吨重巨石从20米高处落下的冲击力量）的落石冲击试验。中央电视台、全国各大网络电视频道等媒体对该项试验进行了全程报道。该防护系统是即将在四川地震灾区生命线——映秀至汶川高速公路上全线使用的新型落石防护系统，对改进灾区边坡防治工程具有重大意义。

1932年4月25日　由我校1914届校友、时任杭江铁路工程局局长兼总工程师杜镇远主持修建的继京张铁路之后第二条由国人自建的铁路——杭江铁路通车。杜镇远被誉为继詹天佑之后的我国铁路工程巨擘，他在旧中国主持修建了我国大部分铁路，浙赣铁路、滇缅铁路等都是在他的主持下修建的。

1949年4月25日　凌晨3时，国民党军警千余人冲进上海交通大学校园，进行大搜捕。我校住在上海交通大学学生宿舍的五人被捕。

杜镇远

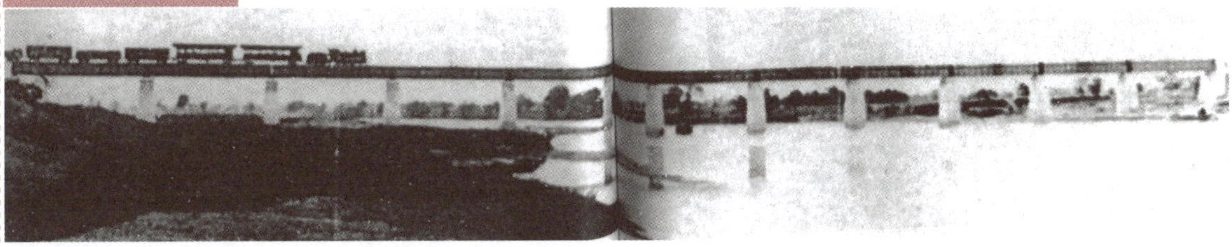

浙赣铁路金军江桥

4月26日

- 1995年4月26日　铁道部第二届詹天佑铁道科技发展基金颁奖大会在北京举行，我校机械工程学院教授王夏鋆获奖。同时获奖的还有我校校友詹振炎、邵厚坤、宋德文、沈培德四位教授。
- 2009年4月26日　在4月26—28日举行的第二届全国大学生物流设计大赛中，我校荣获一等奖1项、二等奖1项。
- 2011年4月26日　我校代表队在“顺风杯”第三届全国大学生物流设计大赛决赛中荣获一等奖。

27 4月 日

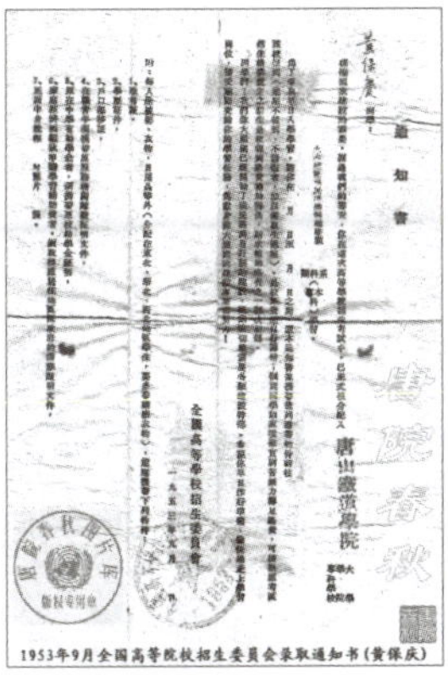

1953年9月全国高等院校招生委员会录取通知书（黄保庆）

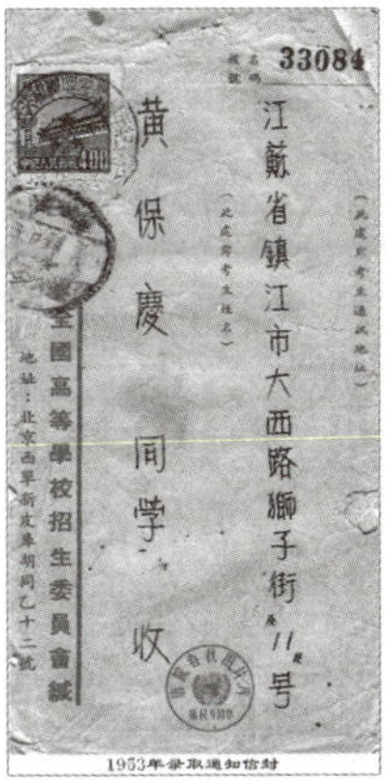

1953年录取通知信封

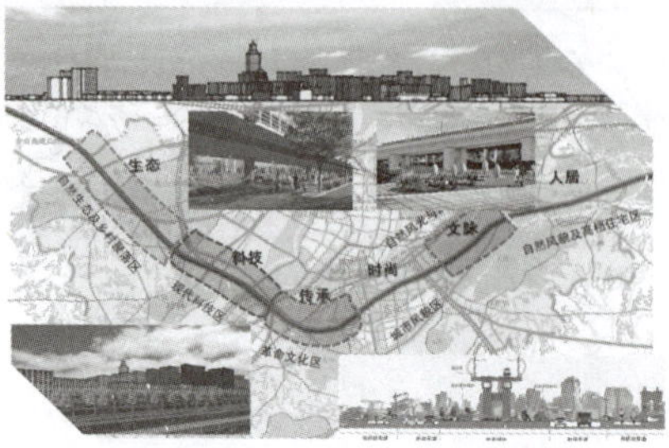

28 4月日

1986年4月28日　西南（唐山）交通大学郑州校友会成立，现登记在册校友近300人。

- 1998年4月29日　学校举办108周年校庆专场音乐会，奥地利“音乐之声”管弦乐团应邀来校演出。
- 2010年4月29日　武汉大学中国科学评价研究中心发布了《中国大学及学科专业评价报告2010—2011》。在全国119所重点大学竞争力排行榜中，我校位居第39位，较2009年上升7位；位居理工类大学第19位，较上年上升7位。

29 4月 日

2012年4月29日　电机系1977级校友回到阔别30年的母校，看望恩师，追忆往昔，共叙情谊。5月1日，他们前往峨眉，重新感受在那里度过的大学时光。

2013年4月29日　峨眉校区土木工程系1998届桥班毕业15周年返校聚会。

1950年4月30日　为了密切联系群众，接受群众监督，中国共产党唐山工学院支部在明诚堂举行党组织公开大会及新党员入党仪式，会上公布了共产党员名单，党团员与师生员工500多人参加大会。党支部书记姚玉飞作支部工作总结报告。

1984年4月30日　为纪念我国杰出的铁路工程奠基人、1919年我校旅京校友会理事詹天佑先生，本校在图书馆前建立詹天佑塑像。

1993年4月30日　西南（唐山）交通大学洛阳校友会成立。

2001年4月30日　我校应用物理系高温超导技术研究所荣获全国“五一”劳动奖状。

2002年4月30日　西南交通大学广播台隆重纪念成立50周年。

30 4月 日

2005年4月30日　我校朱旻昊博士的学位论文《径向与复合微动的运行和损伤机理研究》入选2005年全国百篇优秀博士学位论文。至此，我校已有5篇博士学位论文入选全国优秀博士学位论文。2003年6月27日，该论文曾获国际著名航空航天工业公司斯奈克玛集团（SNECMA）设立的首届斯奈克玛科技二等奖（Snecma Award）。

2012年4月30日　MBA校友会成立一周年庆典。

2013年4月30日　我校土木工程学院王郴平教授入选国家“千人计划”创新人才。

叶恭绰

1921年5月1日　交通大学正式成立，叶恭绰以交通总长身份兼任校长。交通大学总办事处设于北京。

5月1日

2002年5月1日　毕业20年的机械1977级、数学1977级校友回到母校，探望恩师。

2010年5月1日　我校供电1980级、工民建1992级校友重返峨眉校区参观。

5月2日

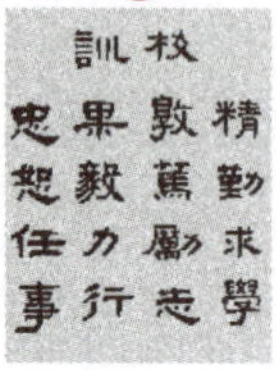

1930年5月2日　学校召开会议通过校训：精勤求学，敦笃励志，果毅力行，忠恕任事。

1985年5月2日　教育部同意我校增设土建结构工程、建筑学、城市交通工程、焊接工艺及设备、工程力学5个专业。

5月
3日

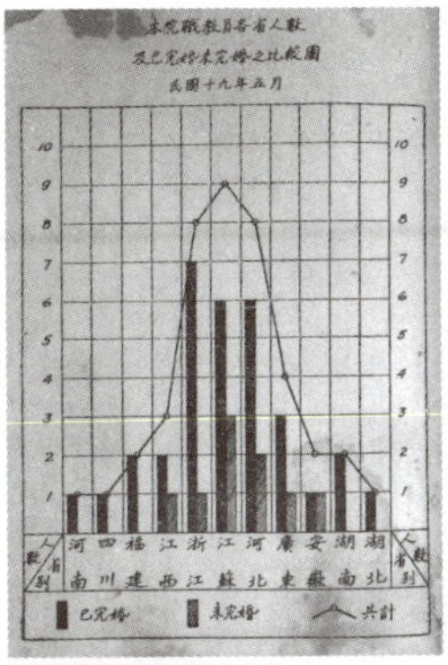

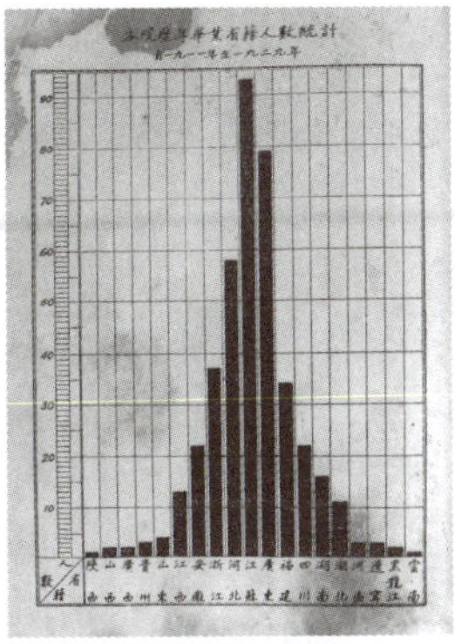

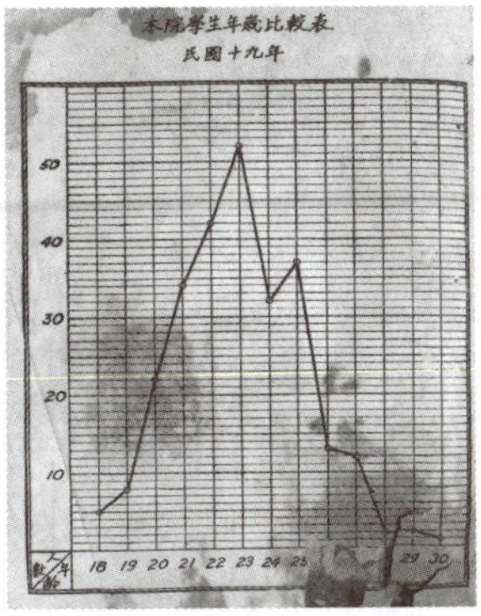

1954年5月3日　本院58周年(唐山复校49周年)院庆纪念大会暨春季体育运动检阅大会开幕式于当日上午在南操场举行。参加纪念会的有全院师生员工及工农速成中学师生共二千余人。全国劳动模范、我院1917年毕业的校友郭彝工程师应邀出席大会并讲话。大会为本院5名优秀工作者发奖，表扬了17名优等学生。会上顾稀院长作报告，重点阐述了我院在学习苏联改革教学方面的情况及今后任务。会后举行春季体育运动会，历时两天半。

5月4日

1896年5月4日　北洋铁路总局总工程师金达（C.W.Kinder）再次上书时任直隶总督兼北洋大臣王文韶，恳请在山海关设立铁路学堂。王文韶上奏朝廷获批。后责成铁路督办胡燏棻会同北洋铁路总局总办吴调卿筹办。

1922年5月4日　中国“斐陶斐励学会”第一次全国大会在上海基督教青年会举行，到会代表14人。会上选出第一届董事会，会长郭秉文（国立东南大学校长），副会长李斐英（交通大学唐山学校教授）、司徒雷登（北京燕京大学校长），总干事牛惠生（上海圣约翰大学），副总干事张廷金（交通大学上海学校），委员包文（南京金陵大学）、张伯苓（天津南开大学）、卜舫济（上海圣约翰大学）。

1993年5月4日　我校徐扬教授当选为四川省科技青年联合会副主席。

1989年5月4日　我校土木系1943届校友从贵州平越(今福泉县)出发，开始纪念入校50周年的寻梦之旅。5月14日，学校向1943届校友杨裕球、陆恂如、金明亮颁发了名誉教授证书，并向8位46年前从国立交通大学贵州分校（我校抗战时期校名）毕业的学生，颁发了毕业证书原件。5月20日，老校友们在总校二号教学楼天井树立“春风化雨 育德树人”大理石纪念碑。

1998年5月5日　学校成立交通运输学院。

5月
5日

2011年5月6日　我校地质、测绘、环境行业校友会成立大会在九里校区举行。

6 5月日

2012年5月6日　我校兰州校友会成立，大会推选朱本珍为会长。

5月7日

1905年5月7日　鉴于铁路建设迅速发展，人才缺乏，督办关内外铁路大臣袁世凯、胡燏棻命令关内外铁路局立即着手筹备恢复山海关铁路官学堂。

1993年5月7日　学校成立经济管理学院。

1998年5月8日　根据中国和法国高校“4+4”强强合作协议，教育部组织中方四校（清华大学、西南交通大学、上海交通大学、西安交通大学）校长前往法国、比利时和欧盟，就双方合作事宜进行了为期12天的访问。

2005年5月8日　四川省第十一次哲学社会科学优秀成果奖颁奖大会在成都召开，我校傅勇林教授荣获四川省哲学社会科学优秀成果奖一等奖。

8 5月 日

傅勇林

1984年5月9日　国家计委批准铁道部《关于在成都市扩建西南交通大学总校》的报告。

2000年5月9日　交通大学唐、平两院三系校友300余人聚会北京。他们是抗战期间就读于贵州平越的土木、矿冶、管理三系的校友，年龄最大的95岁、最小的72岁。

9 5月 日

2001年5月10日　全国第八批学位点申报结果公布：我校新增3个博士学位授权一级学科点，新增博士点12个、硕士点15个。

李书田

10日 5月

1930年5月10日　李书田院长就职视事，并召集全体学生讲话。

1986年5月10日　国防部部长张爱萍为我校90周年校庆题词：“发扬新风，培养英才”。校庆前夕，我校收到老校长李书田（1930年5月至1932年4月任校长，时年86岁，侨居美国）、老院长唐振绪（1935年毕业于我校土木系，1949年1月至1950年9月任国立唐山工学院院长、中国交通大学唐山工学院院委会主任委员，时任铁科院名誉院长、交通大学校友总会名誉会长）的题词。

2001年5月11日　学校成立环境科学与工程学院。
2002年5月11日　我校钱冬生教授荣获茅以升科学技术奖桥梁大奖。1998级李娜同学荣获茅以升科学技术工程教育奖，冉志红等三名同学荣获茅以升科学技术奖铁道教育学生奖。
2007年5月11日　我校召开钱塘江大桥建成70周年暨校庆111周年座谈会。

11 5月 日

2010年5月11日　王柢教授百岁华诞庆典在九里校区举行。

1919年5月12日　五四运动在北京爆发后，我校学生起而响应，当日召开全校学生大会，成立了我校第一届学生会，推举李中襄为会长。大会决议通电全国，要求参加巴黎和会的中国代表立即退出会议；惩办卖国贼；抵制日货；发行白话文的《救国报》并组织演讲团、学生救国团，发行《科学的唐山》宣传民主与科学。

1990年5月12日　我校大秦线万吨单元列车试验工作组一行50人离开成都，前往大秦线进行运行试验。

1994年5月12日　学校召开党员代表会议，李植松书记作题为"全党动员，深化改革，加快发展，为创建一流理工大学而共同奋斗"的工作报告，孙翔校长作了题为"西南交通大学面向二十一世纪发展建设纲要"的报告。会议正式代表306人。此次会议的召开，标志着我校已进入一个全面加快改革、建设与发展的新的历史阶段。

2008年5月12日　14：28分，四川汶川突发8.0级特大地震灾害。地震发生后，学校在无线电话联系不通、情势不明的状况下，立即疏散办公楼和教学楼的师生到宽阔平坦地带，对校园内部进行全方位巡逻，确保师生安全。当夜，按照成都军区的命令，抽调30名国防生到现场支援抗震救灾，随后又派出专家组赴现场工作。

12 5月 日

13日 5月

1951年5月13日　为庆祝本院成立55周年、唐山复校46周年，当日上午9时，举行纪念典礼。铁道部吕正操副部长代表铁道部莅临祝贺。中央教育部副司长张宗麟、市委书记李力果、交大副校长金士宣及校友300人参加了庆祝大会。会上通过全院性的爱国公约。是日下午起，各系组织学术讲演。

1999年5月13日　铁道部同意我校铁道电气化与自动实验室、桥梁隧道及地下工程实验室为部级开放实验室。

2007年5月13日　在北京的英国驻华大使官邸，英国驻华大使欧威廉爵士亲自为我校牵引动力国家重点实验室主任张卫华教授颁发了Thomas Hawksley金奖。大使激动地宣布：“这是第一次由中国人获得这个金质奖章！”Thomas Hawksley金奖是英国机械工程师学会最高奖，奖励当年度学会最佳原创论文，设立金奖一个。获奖论文是英国机械工程师学会从15本专业刊物中评选出来的最佳论文。

2012年5月13日　我校唐山校友会举行成立大会，选举苏伟为会长。

5月14日

伍镜湖

罗忠忱

1921年5月14日　“斐陶斐励学会”唐山分会筹备会成立。会员有罗忠忱、茅以升等一批教师。罗忠忱任会长，李斐英任书记。“斐陶斐励学会”，英文是“φτφ Society”。φτφ是三个希腊字母，分别代表哲学（Philosophy）、工学（Technology）、生理学（Physiology，实指医学和生物学）。“斐陶斐励学会”是当时文、理、工、医高等院校教师和优秀毕业生的学术荣誉组织。从1921年起，我校历届优秀毕业生均被选为该会会员。

1951年5月14日　我院电机工程学会邀请了燃料工业部俞思瀛工程师作题为“电业反事故的斗争”的学术报告，土木工程学会邀请了铁道部工程总局副局长汪菊潜校友作题为“新路的建设”的学术报告。院刊《交大唐院》出版院庆纪念特刊。

1992年5月14日　我校1945届校友、美籍华人黄匡原教授回母校访问，受到王润霖书记和沈大元校长亲切会见。

李斐英

黄寿恒

顾宜孙

2006年5月14日　我校第一位中国教授罗忠忱塑像在成都犀浦校区落成揭幕。罗老从1912年进校，终身在校执教，几度在学校危难之时执掌校政，我校的优良传统和校风就是在以他为首的一批教师以身作则、长期坚持下形成的。他和早期到校的顾宜孙、伍镜湖、黄寿恒、李斐英教授一起，被尊称为学校“五老”。

5月15日

1935年5月15日　我校成立39周年纪念会于5月13日提前举行。校长黎照寰、前院长李书田博士特来唐祝贺。平、津等地一些校友也返校参加。上午在明诚堂举行纪念会，晚上演出京剧《四郎探母》《打渔杀家》等。5月15日，在孙鸿哲院长和各位教授的倡议下，由教职员和校友捐款修建校友厅，当日举行奠基典礼。这栋建筑由助教李汶设计，形式中西兼俱。校友厅四周还有一小庭园与之陪衬。前院有荷池藤架，绿茵草地，后院有苗圃花房。奠基后不数月落成。

1940年5月15日　我校成立44周年(唐山复校35周年)纪念日。抗战开始以后，我校曾多次播迁，终于得以安定下来。因此，茅院长决定扩大庆祝。湘桂、湘黔、滇缅等铁路局的许多校友、名流前来祝贺。上午举行了庆祝会、学术报告会和宴会，下午举办了运动会，一时寂静、沉默的山城似乎恢复了生气。晚上公演话剧《前夜》。

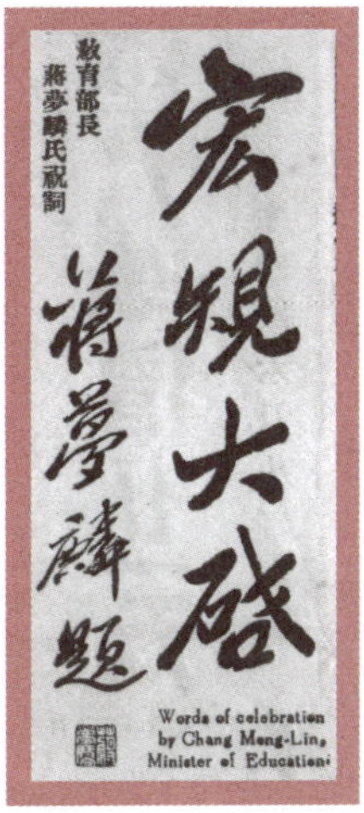

1947年5月15日　我校修正并公布校歌。

同日　北平校友会金涛、翁元庆、郝家茂等因感念母校抗战期间播迁湘桂黔川诸省，艰苦备尝，为表永久留念，于唐山建校42周年之际向母校敬献汉白玉碑一块，立于图书馆前左侧。文曰：路政肇兴，溯在清季，兼筹采矿，设校伊始，唐山西郊，爰奠校址，缔造宏规，袁胡创议，叶公绾领，久膺艰巨，罗熊赵章，刘孙茅李，先后长校，群贤继起，裕共乐育，实事求是，顾伍复校，备极劳瘁，卌二年中，斐然足纪，中经移徙，载历颠沛，学成致用，千古济济，猗欤盛哉，母校万祀。该汉白玉碑今立于犀浦校区图书馆一楼。

1950年5月15日　我校热烈庆祝解放后的第一次校庆(建校54周年，唐山复校45周年)。大会在明诚堂举行。茅以升校长致开幕词。铁道部部长滕代远、中共唐山市委书记李力果莅会并讲话。唐振绪主任委员作《唐院第45年》的报告。下午，研究所及各馆、室开放展览。

1955年5月15日　学校自4月27日起利用春假隆重纪念建校59周年(唐山复校50周年)，来宾、校友百余人参加。校庆期间，举办了第一次教学与科学研究会、教学改革展览，开放了实验室、模型室。举办了马、恩、列、斯生平和事业图片展览，詹天佑图片展览，举行了全校体育运动会。

1956年5月15日　电气运输系举行科学研究报告会。姚哲明副教授的论文是：《单相整流子牵引电动机与电网联接时在发电机状态下运转的分析》，杜庆萱教授的论文是：《关于我国新型电力机车定型问题的几点商榷》。以上论文引起教师们很大的兴趣。

1960年5月15日　院庆（建校64周年，唐山复校55周年）庆祝活动于今日开始，来宾、校友共350余人。院庆活动的内容有：教学与科学研究讨论会，在大会与分组会上共提出100篇报告。开设展览会，综合馆一个，由院史、人民公社、“双革”、学院远景四部分组成，各系有分馆。还组织了文艺汇报演出。

15 5月日

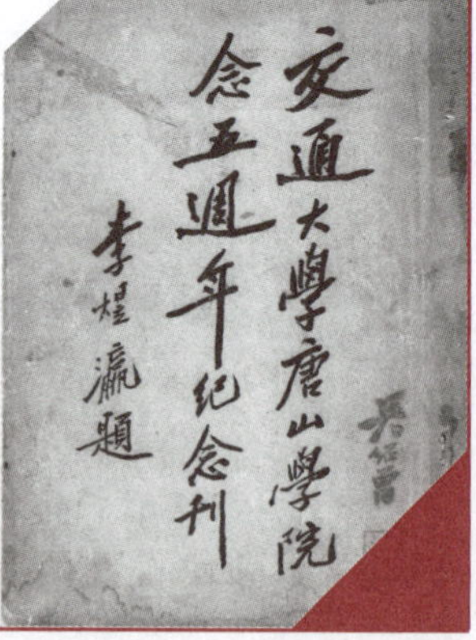

1981年10月20—22日　本校建校85周年纪念大会隆重举行。

10月20日上午9时，师生员工和来宾近6000人参加了大会。前来参加庆祝活动的来宾和校友有：四川省副省长刘海泉，铁道部党组副书记、副部长李颉伯，铁道部副部长耿振林，中共成都市委书记熊宇忠，乐山行署副专员胡汉平，乐山军分区副政委崔元生，铁道部第四设计院顾问、本校校友（1922届）严铁生，上海交通大学顾问、中国科学院学部委员、本校校友（曾在本校任教）朱物华教授，西安交通大学副校长、中国科学院学部委员、本校校友（1931届）周惠久教授，安徽省副省长、中国科学技术大学教授、本校校友（1944届）杨纪珂等280余人。下午，各实验室、图书馆开放，校友和来宾前往参观。同时，教学与科学研究报告会开始。报告会分组进行。10月21日，图书馆、实验室继续开放，教学与科学研究报告会继续分组进行。10月22日，举行各种座谈会并请校友作报告。中铁文工团、铁二局文工团来我校慰问演出，分别演出话剧《詹天佑》及杂技节目。

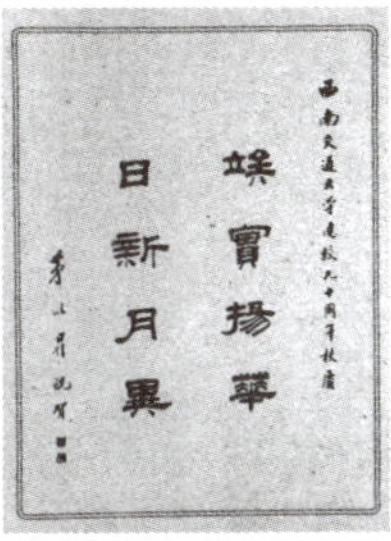

1986年3月12日　我校老校友、老校长茅以升为祝贺母校90周年校庆，寄来“竢实扬华，日新月异”题词。并于来信中表示：“届时如健康情况许可，定当专程前往，参加盛会。”

唐院校友厅

1986年6月8日　我校隆重庆祝建校90周年。上午9时，万余名师生员工和500多位来宾、校友欢聚中山梁运动场举行庆祝大会。国家教委，铁道部，中共四川省委、省政府等单位领导专程莅校参加庆祝活动。省、部领导冯元蔚、张辛泰，全国政协常委、上海工业大学校长钱伟长，美国麻省理工学院教授卞学璜，美国哈佛大学赵茹兰，全国人大代表、铁道部第四设计院副总工程师陈泽铭，台湾新竹交通大学毕业生、美洲交通大学校友会代表陈治宏博士，日本留学生代表杉山晴康，大学生代表李铁柱在大会上讲话致辞。会上还宣读了国家教委、铁道部、中共铁道部党组的贺电，宣读了全国政协副主席、老校长茅以升的贺信，接受了四川省副省长康振黄代表省委、省政府赠送的锦旗。下午，主会场和11个分会场同时举行教学、科研报告会。报告会宣读交流200多篇学术论文，其中有30篇是海外校友撰写的。钱伟长、卞学璜、张维、董平、侯振挺、张之勇、黄棣、彼得罗等国内外著名专家学者在会上作了学术报告。校庆期间举行了丰富多彩的庆祝活动。10日晚，在中山梁体育场举行了盛大的篝火晚会，师生员工与来宾校友围绕篝火载歌载舞，盛况空前。

唐院校友厅内景

1991年5月15日　我校建校95周年庆祝大会在成都总校（今成都九里校区）举行。全国政协副主席钱伟长，部、省、市领导，海内外来宾及校友1000余人与全校师生员工欢聚一堂。校庆期间，举行了茅以升铜像落成揭幕仪式、陆氏阅览室开馆剪彩仪式、体育节开幕式，举办了学术报告会、西南交通大学发展战略研讨会、各地校友会负责人座谈会、各地返校校友联谊会等活动。

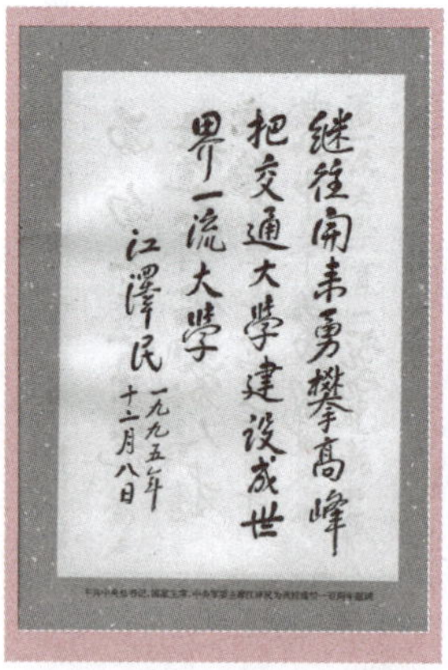

15日 5月

1996年3月28日　在交通大学百年校庆前夕，中共中央总书记、国家主席江泽民在中南海接见上海、西安、西南、北方（今北京）四所交通大学负责人并进行了座谈，就教育的改革与发展问题发表了重要讲话。我校党委书记李植松、校长胡正民参加座谈，并汇报了学校工作。

1996年5月15日　我校隆重集会庆祝建校100周年，宋宝瑞、傅志寰、宋金升、王荣轩等领导和近两万名师生员工、校友及来宾出席了庆祝大会，中共中央政治局委员、书记处书记丁关根校友，铁道部党组书记、部长韩杼滨及国家教委专门发来了贺信。庆祝大会后，学校组织了丰富多彩的各种庆祝活动及异彩纷呈的校庆学术报告会，蔡庆华副部长及师昌绪、张维、肖纪美等知名校友和来宾纷纷为师生们作了精彩的专题报告。

15 5月 日

2009年5月15日　电力机车1985级校友20年后再相会，40余名校友参加此次活动。

2006年5月15日　我校在大学生会堂隆重召开建校110周年庆祝大会。国务委员陈至立、四川省委书记张学忠、四川省人民政府省长张中伟发来贺电，孙永福、王少雄、张和、席义方、钮小明、柯尊平等领导出席了大会。周本宽校长作了题为“竢实扬华、自强不息，为建设高水平、研究型大学而奋斗”的讲话。铁道部党组副书记、副部长孙永福，四川省人民政府副省长柯尊平，中国铁道建设总公司董事长、党委书记李国瑞，西安交通大学党委书记王建华等领导出席会议并发表了热情洋溢的讲话。海内外校友代表、董事会单位领导共计两千余人参加了庆祝大会。大会由校党委书记顾利亚教授主持。

2011年10月29日，学校隆重举行建校115周年庆典，全国政协副主席、全国工商联主席黄孟复发来贺信，全国政协副主席李金华为学校亲笔题字。教育部、铁道部、科技部及四川省、成都市领导出席典礼并作了重要讲话，海内外400余位嘉宾、校友参加庆典。当天，陆地交通地质灾害防治技术国家工程实验室正式奠基开建；轨道交通实验室正式启用，中央电视台《新闻联播》栏目以题为“世界最高时速动车组试验台启用”作了专门报道。两院院士沈志云、中科院院士经福谦、中科院院士彭一刚等莅临校庆院士论坛作报告，中国工商银行四川省分行等单位与学校签署战略合作协议。当晚，主题为“路”的西南交通大学115周年庆典晚会在九里校区大学生会堂上演。

1930年5月16日　校庆之日，上午举行演讲会。海河整理委员会总工程师谭真作了“对于青年工程师之希望”的演讲（谭真系我校1917届毕业生，解放后曾任中央人民政府交通部副部长）。天津慎昌洋行胡祁豫的演讲题目是“作进出口贸易之方法及个人已往之经历”（胡祁豫系我校1923届毕业生）。刘俊峰先生、段品庄校友也作了演讲。下午是国术表演及学生成绩展览。晚上，由学生演出话剧《啡咖店之夜》和《打出幽灵塔》。

16日 5月

1947年5月16日　上午9时，由土木系系主任黄寿恒主持，在西讲堂请前院长李书田博士作“黄河水系问题”、北洋大学教授张以纲校友作“中欧高等工程教育及其学生生活”之学术演讲。之后，由林炳贤教授主持进行了英文演讲比赛，由张正平教授主持进行了中文演讲比赛。

1990年5月16日　中国科学院副秘书长兼联合办公室主任张玉台同志代表中科院专程来校，为国务院学部委员曹建猷教授颁赠了中国科学院荣誉章，感谢曹教授对中国科学事业做出的贡献。

2006年5月16日　诺贝尔经济学奖获得者、欧洲经济学会主席、德国科学院院士莱茵哈德·泽尔腾来到我校，共建“西蒙—泽尔腾行为决策研究实验室”，并就“有限理性论”在我校九里校区大学生会堂作了两个多小时的学术报告。

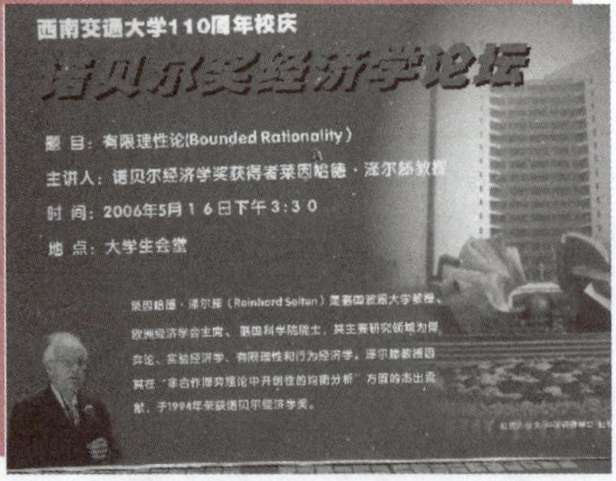

17 5月 日

1983年5月17日　美国康奈尔大学梁达教授来校讲学，并受聘为我校顾问教授。
2002年5月17日　中法大学“4+4”合作协定续签仪式正式在法国举行，我校与里尔、里昂、南特和巴黎中央理工大学续签了合作协议并签订了双方文凭培养协议。

2009年5月17日　西南交通大学上海校友会召开2009年年会暨杜培基学长百岁寿辰庆祝活动。
2010年5月17日　我校董事会第十四次大会隆重召开。
2011年5月17日　交通大学举办第六届全球校友商界领袖峰会，大会在江苏常州举行。
2012年5月17日　茅以升学院理事会成立，这是学校深入推进研究型拔尖人才培养的重要举措之一。
同日　西南交通大学董事会召开董事会第十五次大会暨人才培养模式改革发展论坛。

1956年5月18日　高教部通知，自今年开始，部分有条件的高等学校毕业考试执行《国家考试条例(草案)》。我校本科各系毕业生自6月至8月参加国家考试。

1985年5月18日　我校成都总校（今成都九里校区）总体规划设计方案评选揭晓。经过评选委员会的筛选，中国建筑西南设计院、清华大学分别设计的三个规划方案获奖。

1993年5月18日　宏宇教育基金会首次向全校114名优秀教职工颁奖。其中杰出教师奖10人(每人奖金3000元)，优秀教师奖50人和优秀职工奖42人(每人奖金1200元)，优秀领导干部奖12人(每人奖金1500元)。该基金由我校校友、澳门宏宇集团董事长张万宇设立。

18日 5月

2007年5月18日 铁道系1957级校友入学50周年纪念聚会在成都举行。

1992年5月19日　交通大学校友总会第四届理事会在我校召开，西安、上海、北方（今北京）、西南四所交通大学及全国各地交通大学校友会的代表共50余人出席了本届理事会。经推选，产生了由167名校友组成的交通大学校友总会第四届理事会。根据章程的规定，该届理事会由我校出任理事会主持单位，沈大元校长为该届理事会会长。

同日　我校被国家教委评为“全国毕业生分配工作先进集体”。

19日 5月

1993年5月19日　电气工程系连级三教授参加在美国芝加哥举行的第13届国际磁浮列车会议并被选为会议委员会18位委员之一，他作的《中国磁浮列车发展概况》报告，受到与会代表重视。

20日 5月

1956年5月20日　我校机械系四年级甲班学生郭炯藩，提出调整机车风炉机构的合理化建议，为古冶机务段采纳，并获得奖金。

1972年5月20日　经中共乐山地委同意，中共西南交大革委会核心小组建立，由7人组成。这是我校当时临时党的组织，袁仲凡任组长。

2011年5月20日　美国耶鲁大学篮球队与学校篮球队在犀浦校区体育馆举行了篮球友谊赛。

21 5月 日

1982年5月21日　我校1927届土木系老校友、中央纪检委常委、外交部顾问、全国政协常委曾涌泉于5月21日—6月1日回校访问。

曾涌泉

1988年5月21日　我校与大秦办(大同至秦皇岛重载运输铁路建设办公室的简称)签订合同，再次主持国家级重大科技攻关项目——大秦铁路万吨单元重载列车纵向动力学试验。这一项目由机车车辆研究所孙翔教授和范佩鑫副教授主持。

22 5月日

2002年5月22日　我校张卫华教授、郝瀛教授荣获詹天佑铁道科技奖（成就奖），罗斌教授荣获詹天佑铁道科技奖（青年奖）。

1983年5月22日　由美国国际人民交流协会组织的美国铁路工程代表团一行45人，来校进行学术交流并参观访问，王柢、陈忠淦教授（二人曾是美国铁路工程学会会员）等与他们进行了友好的会见。

1991年5月22日　我校朱育万教授作为特邀代表，出席中国科协第四届全国代表大会，并被选为主席团成员。此前，朱育万教授曾于1980年5月15日中国工程图学学会成立时，当选为副理事长。

23日 5月

1993年5月23日　国家教委“211”工程办公室、铁道部教育司联合调研组一行9人，来校考察申报“211”工程的条件。

1995年5月23日　第三届国际城市住宅设计竞赛暨第六届国际大学生建筑设计竞赛揭晓，此次竞赛共设4个最高奖和11个荣誉奖。我校建筑1992级本科生李燕宁、胡菊在陈斌老师指导下设计的西藏拉萨住宅区的改造方案——“雪域方舟”获得荣誉奖。国内只有我校和天津大学两所高校获得此奖。

- 1938年5月23日　由于学生人数激增，教师亦逐渐到齐，湘潭临时校舍不敷使用，学校决定由湘潭迁往湘乡杨家滩。

- 1990年5月23日　由我校主持首次试验的我国第一列万吨重载列车大秦线运行试验成功。当天，首列列车从湖东安全抵达茶坞。国家计委、铁道部领导参与了这次试验。

我校主持试验工作的我国第一列万吨级重载列车在大秦铁路开行成功

- 1991年5月23日　大秦线重大装备奖授奖仪式及学术报告会在我校举行。大秦线办公室主任谷业权还向我校荣获集体和个人三项奖励的代表白家棣、钱清泉、孙翔颁发了荣誉证书。

- 1992年5月23日　当时我国最大的工业风洞中心（XNJD-1风洞）在我校（今峨眉校区内）建成，并通过铁道部科技司验收，正式投入使用。该中心为开展高速列车空气动力学、大跨度桥梁及高耸建筑物的抗风性能、防灾抗灾的体育运动科研等提供了必要的研究试验手段。

5月24日

2004年5月24日　教育部正式批准建立西南交通大学研究生院。

25 5月 日

2013年5月25日　张维院士百年诞辰纪念会在清华大学举行，我校代表团出席大会。

同日　西南交通大学唐山校友会一周年年会在唐山举行，校友会决定向母校捐赠黄万里塑像作为永久纪念。

26 5月日

1989年5月26日　我校应用物理系低温超导技术实验室的研究工作取得新进展，烧制出Bi系超导材料。

2009年5月26日　我校1959届校友返校举行毕业50周年庆祝活动。

2012年5月26日　西南交通大学MPA校友会成立。

◉1949年5月27日　上海解放，全校师生员工无不欢欣鼓舞，绝大部分学生参加了庆祝上海解放的各种活动。我校历史从此揭开了新的一页。

◉2012年5月27日　由国家教育部高等教育司、交通运输部科教司指导，教育部高等学校交通运输与工程学科教学指导委员会主办，东南大学承办的第七届全国大学生交通科技大赛（NACTRANS）在南京落下帷幕。我校选送的3件作品获得一等奖1项，二等奖2项，获得了我校自参赛以来的最好成绩，也是该届大赛各参赛高校中的最好成绩。

27 5月 日

2001年5月27日　校领导率土木学院、交通运输学院、计算机与通信工程学院、网络中心、外语学院和教务处等有关部门前往西藏大学，就支持西藏大学创办有关专业进行最后研究落实。

28日 5月

1998年5月28日　第三届詹天佑奖、詹天佑西南交通大学专项奖在我校颁奖。我校有10名教师分获本届詹天佑奖的詹天佑大奖、詹天佑成就奖、詹天佑人才奖、詹天佑青年奖四个奖项。

2006年5月28日　交通大学重庆地区校友会举行母校110周年华诞庆祝大会。

2009年5月28日 学校举行机械工程学院成立90年暨沈志云院士80华诞纪念活动。

- 1941年5月29日　土木系1941届毕业班同学宴请本系全体教授。桃秾李郁，满座春风。会上，茅以升校长在黑板上默写π＝3.1415926535…至小数点后的300位。黄寿恒教授跟随其后，也默写至295位。一时传为佳话。茅院长还在会上宣布：他介绍1941届全体学生加入“中国土木工程师学会”为学生会员。
- 2003年5月29日　学校九里校区附近三环路沙西线立交桥被冠名为“交大立交”。

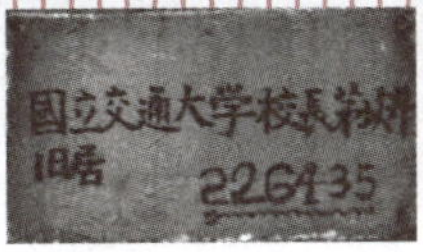

29 5月 日

30日 5月

1906年5月30日　路局与开平矿务局订立合同，确定学堂建筑与经常费用由铁路与矿务局分别按所招学生人数比例分摊，按十四成核算，铁路十成，矿务局四成。合同规定学堂设铁路、矿务两个专门。

1969年5月30日　我校在唐山试制成功大功率可控硅整流元件。

1985年5月30日　我校应用数学、应用物理两系正式成立，分别召开了成立大会。

1992年5月30日　我校数学系副教授柳长茂完成的“变分原理逆向问题研究”经专家确认，已达到世界先进水平，通过了省教委评审和鉴定，美国《数学评论》作了介绍。

31 5月日

◎1981年5月31日　参加联合国亚太经社理事会铁路新线建设工程讨论会的日本、印度、伊朗等九个国家的代表一行19人访问我校。

◎1989年5月31日　我校决定成立西南交通大学校友联络办公室(非实体)，办公室主任钱治平，副主任王长凯、林良。

◎1995年5月31日　学校举行仪式授予佘达奋(我校知名校友、建筑大师佘畯南先生之子)为西南交通大学兼职教授。胡正民校长、刘学信副校长、佘畯南先生、佘达奋教授及建筑系师生参加了仪式。仪式上还为获得国际、国内建筑大奖的建筑1992级学生李燕宁、胡菊及指导教师陈斌颁发了奖品。

◎2004年5月31日　我校聘请1999年诺贝尔经济学奖获得者罗伯特·蒙代尔教授为名誉教授。

◎2000年5月　北京校友会换届，选举张健基为理事长。

1954年5月31日　经中共中央华北局批准，中共唐山铁道学院委员会成立。全院党员268人。

1978年5月31日　经铁道部批准，我校增设电子计算技术专业，在电机系成立电子计算技术教研室，下设电子计算机实验室和电子计算站，并决定从1978年起开始招生。

6月1日

- 1994年6月1日　西南交通大学董事会成立，全路30多家单位的60余名领导和代表出席会议。会议通过了联合办学章程，党委书记李植松教授任董事长。
- 2005年6月1日　学校聘请刘宝珺院士为环境科学与工程学院名誉院长。

1994年6月2日　1993年度宏宇奖颁奖暨张万宇校友向母校捐赠轿车仪式隆重举行。张万宇校友及省、市有关部门负责同志出席了仪式。1993年度共有105名教职工获奖，其中杰出教师奖3名，优秀教师奖50名，优秀职工奖40名，优秀领导干部奖10名，优秀学生干部奖2名。

6月2日

2012年6月2日　由西南交通大学、全球中华创新与创业联盟、美国华夏社会创新基金会联合举办，以“构建创新的绿色发展模式，实现天府新区的可持续繁荣”为主题的第四届中华创新与创业论坛暨天府新区建设国际论坛在我校九里校区国际会议厅隆重举行。该论坛创办于2009年，前三届均在美国举办，本届是首次移师中国。

6月3日

1990年6月3日　学校成立礼仪队。礼仪队队员从在校学生中选拔产生，由校团委直接管理，接受专业训练，主要负责学校大小会议、庆典、晚会的礼仪工作，包括接待、剪彩、迎宾等。

1993年6月3日　首届青年教师课堂教学比赛胜利结束，比赛历时8周，共412名青年教师参赛。经过角逐，40名青年教师分获一、二、三等奖。

1925年6月3日　“五卅”惨案的消息传到学校，学生们群情激愤。当天下午7时，学生会召开全体学生大会，通过决议：致电北京国务总理、外交部，抗议上海外国巡捕惨无人道的行为，并向英、日政府提出严重抗议，还向北京政府提出收回英、日租界，收回领事裁判权，英、日政府向中国道歉等十条要求。学校停课三天，进行宣传活动。

6月4日

■1994年6月4日　我校“211”工程建设项目通过铁道部预审。

■1999年6月4日　我校与成都中医药大学签署联合开办七年制中医学专业（针灸英语方向）协议仪式在成都中医药大学举行。

6月5日

1998年6月5日　我校收到铁道部转发的国家发展计划委员会文件《国家发展计划委员会关于西南交通大学“211”工程建设项目可行性研究报告的批复》，同意我校作为“211”工程项目院校，在“九五”期间进行建设。

2000年6月5日　国家重点基础研究计划项目（“973”项目）“生物医用材料基本科学问题的研究”经国家科技部批准，正式立项。经过激烈竞争，我校组织申报的“医用钛合金抗凝血及活化涂层研究”课题经评审获得支持，成为该项目的子项目，子项目负责人为我校材料系黄楠教授。

2001年6月5日　专家组对我校“211”工程、“九五”期间6个学科建设项目和公共服务体系建设进行验收。

2009年6月5日 中铁二院副董事长、总经理朱颖校友受聘为我校兼职教授。

6月6日

1958年6月6日　我校内燃机车教研组主任刘钟华教授率领本专业三年级全体学生去长辛店机车车辆修理工厂，参加研制我国首批内燃机车。

1986年6月6日　我校教改试点班——机工一系筑1984班5名学习成绩良好、热心于管理科学的学生开始兼修第二专业“工业管理工程”。

1994年6月6日　中科院院士沈志云教授当选为新成立的全国工程科学技术界最高荣誉性、咨询性学术机构——中国工程院院士。与他同一批当选的还有张维、严东生校友。

6月7日

1992年6月7日　我校沈大元校长、白家棣副校长等一行五人于5月30日至6月7日在广州、深圳考察。在此期间，与广州铁路局总工程师葛闻安等就有关校局合作问题进行了会谈；就我校校友厅的设计问题与佘峻南建筑师交换了意见；会见了澳门宏宇建筑设计公司总经理、我校校友张万宇及夫人，张万宇赠款100万元港币支持学校在番禺开办实业，并就联合办实业问题达成了协议；与香港怡光通讯公司、中联(电脑)公司就加强学校与其合作问题进行了洽谈；参加了广州校友会年会。

1985年6月7日　经河北省批准，河北省唐山市与我校签订协议，在唐山市建立西南交通大学唐山分校。

2001年6月7日　学校决定设立西南交通大学郫县校区（后命名为犀浦校区）建设指挥部，负责郫县校区规划建设工作。

6月8日

2000年6月8日　我校被教育部批准为培养高水平运动员试点单位。培养高水平运动员的运动项目为田径、男子篮球、男子排球。

1995年6月8日　为贯彻全国科技大会精神，落实“科教兴国”战略决策，我校召开科教兴国座谈会。我校校友、四川省副省长马麟到会讲话。

1986年6月9日　我校举行首次“陈耳奖学金”颁奖仪式。获得奖学金的两名学生是：机辆系李自力、土木工程系路铁军。陈耳先生是我校1947届校友，美国伊利诺伊理工学院研究院教授，我校顾问教授。

6月9日

1990年6月9日　校长沈大元教授、计算机系系主任朱怀芳教授、外事处副处长谢葳副教授等组团启程，前往美国纽约参加“1990年交大海外校友团圆”活动。这种活动五年一次，由美洲交大校友会举办，上海交大、西安交大、北方交大和台湾新竹交大的校长也率团前往参加。

2010年6月9日　首届“交大杯”海峡两岸大学生创业竞赛于6月9—12日在我校举办。来自海峡两岸的五所交通大学，台湾岭东科技大学及四川大学、电子科技大学等13所高校的31支大学生创业团队，围绕材料科技与应用、信息服务、文化创意等主题上演了一出出精彩的创业“剧目”。激情飞扬的创业陈述，耐心细致的业师辅导，诚恳精到的评委点评，为大家展示了创业的无穷魅力。

6月10日

1958年6月10日　人事处召开欢送支援兰州铁道学院教师座谈会。我校根据铁道部指示，当年先后按系、组配套抽调骨干教师及干部、职工两批103人，支援新建的兰州铁道学院。

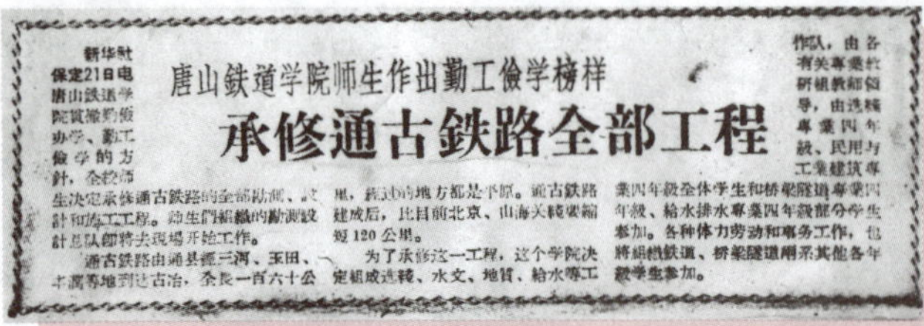

唐山铁道学院师生作出勤工俭学榜样

承修通古鉄路全部工程

新华社保定21日电 唐山铁道学院贯彻勤俭办学、勤工俭学的方针，全校师生决定承修通古铁路的全部勘测、設計和施工工程。師生們組織的勘測設計总队即将去现場开始工作。

通古铁路由通县經三河、玉田、丰潤等地到达古冶，全長一百六十公里，經过的地方都是平原。通古铁路建成后，比目前北京、山海关綫要縮短120公里。

为了承修这一工程，这个学院决定組成选綫、水文、地質、給水等工作队，由各有关專業教研組教师領导，由选綫專業四年級、民用与工業建筑專業四年級全体学生和桥梁隧道專業四年級、給水排水專業四年級部分学生参加。各种体力劳动和事务工作，也將組織鉄道、桥梁隧道兩系其他各年級学生参加。

1960年6月11日 全国文教群英会闭幕。我校勘测设计总队、电机厂作为先进集体，高渠清教授作为先进工作者出席会议。

6月11日

6月12日

1905年6月12日　关内外铁路局总办周长龄拟定学堂条规三十条，报呈清政府铁路督办袁世凯、胡燏棻获批，以此条规作为铁路学堂暂行试办章程。

1983年6月12日　我校校友美国伊利诺理工学院研究院陈耳教授来校讲学，并受聘为本校顾问教授。

2004年6月12日　中共中央政治局常委、全国政协主席贾庆林来校视察。在校期间，贾庆林主席等参观了学校图书馆和高温超导磁悬浮技术研究中心，乘坐了“世纪号”世界首辆高温超导磁悬浮试验车。

2009年6月12日　适逢顾稀老院长90岁生日之际，顾利亚书记一行前往上海华东医院看望。

6月13日

侯振挺

1959年6月13日　工程数学力学专业1956班学生侯振挺的科学研究报告《力法中正则方程式的研究》受到教师的好评，校报《新唐院》特予以报导。

1985年6月13日　我校材料工程系恢复成立。

2012年6月13日　中国科学院、中国工程院在北京举行“两院”最高奖——陈嘉庚科学奖和光华工程科技奖颁奖仪式。我校张卫华教授荣获第九届光华工程科技奖工程奖，这是我校首次获得该奖项。

6月14日

1946年6月14日　唐、平两院复员大队分别组成。我校复员大队由林炳贤教授任总领队，20日，我校数百人的复员队伍离开丁家坳，向大本营唐山进发。

6月15日

1956年6月15日　铁道部通知我校沈智扬、孙竹生、曹建猷三位教授参加铁道科学规划小组的工作，参加审查修改全国铁道科学研究工作长远规划及1957年科学研究计划。

1992年6月15日　国务院学位委员会评议组换届及成员选聘工作结束，我校沈志云教授、万复光教授被聘为第三届学科评议组成员，曹建猷教授被聘为第三届学科评议组特约成员。

同日　土木工程学院铁道工程、地下工程与隧道工程、桥梁工程三个专业161名1988级毕业生，在40多名教师和20多名现场工程技术人员的指导下，胜利完成南昆线陆(良)威(舍)段151.7公里的全部技术设计。

2001年6月15日　我校机械基础国家工科基础课程教学基地被教育部评为13个优秀基地之一。

同日　孙林夫教授被评为“九五”国家重点科技攻关计划先进个人。

2010年6月15日　“土木校友林”启动仪式在犀浦校区举行。

2012年6月15日　陈春阳校长率队出席了科技部在京举办的“高速列车科技创新国际论坛”。陈校长作为高校代表在会上发言。我校张卫华教授作了题为“弓网关系的研究进展”的大会报告，报告了我校在高速列车弓网关系研究方面所做的创新工作。

1930年6月16日　学校制定《交通大学唐山土木工程学院专章》，共六编，明确规定我校设下列三系：铁路工程系、构造工程系、市政卫生系，学制均为四年。第二编为考核成绩规则，概括了我校开办以来有关成绩考核的宝贵经验。

2004年6月16日　我校成立艺术与传播学院。

2009年6月16日　我校成立希望学院。

杨裕球

1990年6月16日　交通大学美洲校友总会在美国纽吉赛州、霍布肯城举办第六届校友联谊会，郑国宾会长致欢迎词，我校沈大元校长在会上介绍了我校成都校区的建校情况和未来的设想。

同日　海外校友在美国新泽西州史蒂文斯理工学院召开会议，筹划为母校新建校友厅捐款事宜。校友们推举林同炎为捐款委员会名誉主席，杨裕球为主席。随后，学校校友会向海内外广大校友发出集资修建校友厅的倡议。杨裕球率先捐赠10万美元。

6月17日

邹世昌

1999年6月17日　我校聘请中国科学院院士、材料科学家、中科院上海冶金研究所所长、我校校友邹世昌为名誉教授。

2002年6月17日　我校共有9个新的本科专业申报成功，并于当年9月开始招收新生。这9个本科专业分别是：软件工程、信息安全、电子商务、地理信息系统、金融学、车辆工程、制药工程、绘画、公共管理。

6月18日

■1958年6月18日　我校学生以完整的水底隧道及地下铁道为选题，顺利完成毕业设计并于18、20两日进行了答辩。答辩委员会由苏联专家和我校教师组成，答辩学生均以优良的成绩通过。这一选题，在我国本科毕业设计中尚属首次。

■1958年6月18—19日　全校师生员工分两批赴京，参观铁道部举办的宝成铁路、鹰厦铁路、武汉长江大桥展览会，每批往返均为24小时。

■2005年6月18日　学校代表团出席西藏大学首届工科学生毕业典礼。

2010年6月18日　交通大学北美校友会第十届大会在美国休斯敦洲际酒店隆重举行。500余名校友欢聚一堂。时任国家主席江泽民、时任美国总统乔治·布什分别致信祝贺。我校代表团出席大会。

6月19日

- 1953年6月19日　据统计，我校教师已参加过俄文速成学习的有163人，自学的有39人，占全校教师人数的86%。据统计，我校经常从事编译教材工作的教师有75名。
- 2002年6月19日　我校计算机与通信工程学院、土木工程学院、机械工程学院、交通运输学院、经济管理学院和人文社会科学学院在学校镜湖宾馆裕球厅与越南河内交通大学相关院系签订了合作协议。

6月20日

1985年6月20日　我校电教室摄影员尧茂书只身乘“龙的传人”号橡皮舟，从长江源头开始首漂探险。7月24日在青海玉树州的直门达附近不幸落水遇难，时年32岁。

1936年6月21日　当天是旧历端午节(五月初五)，亦是伍镜湖教授五十五岁寿辰。在平越偏僻的山区，土木系同学为表对恩师崇敬之意，特开会祝贺。毕业班同学想向恩师送幅对联，但直到祝寿会上只拟出一个上联：五月五日端午节伍教授五十五大庆。下联虽未对上，但表现了患难与共、情深似海的师生情谊。

6月21日

1985年6月22日　为了认真贯彻民主办校的原则，我校召开首届教职工代表大会。
1986年6月22日　在四川省高校1984级英语统考中，我校获得平均总分第一名、个人最高分第二名和不及格率最低的好成绩。
2004年6月22日　我校张卫华教授和钱永久教授入选教育部“新世纪百千万人才工程”。
2013年6月22日　西南交通大学-康奈尔大学科技与社会创新国际中心揭牌。

2011年6月22日　我校举行中美大学校长论坛暨“1+2+1中美人才培养计划”第八届学生毕业典礼，18所美国大学与82所中国大学参加了此项活动。陈春阳校长发表了论坛主旨演讲。

6月22日

6月23日

1986年6月23日　中国科协于6月23—27日在北京举行第三次全国代表大会，我校朱育万教授、孙训方教授出席了会议。会上，朱育万教授当选中国科协第三届全国委员会委员。

1989年6月23日　在1943届校友寻梦返校之时，经陆恂如先生倡议，陆氏基金会于上午在科技交流中心召开扩大会议，决定从1989年度起奖学金名额由5名增至10名，金额由每名600元增至800元。

2000年6月23—27日，交通大学美洲校友会校友大团聚，时任国家主席江泽民同志致信祝贺，我校派代表团参加。

孙林夫

6月24日

2002年6月24日　国家科技部正式聘任我校孙林夫教授为先进制造与自动化技术领域现代集成制造系统技术主题管理专家。

2007年6月24—29日　国际信息论大会ISIT'07在法国尼斯举行。我校范平志教授荣获2007年度IEEE信息论学会杰出服务与贡献奖。

6月25日

2003年6月25日　学校决定在我校土木、机械、电气、交运四个学院中开办茅以升教改实验班。

2009年6月25日　学校被国务院学位委员会正式批准为新增法律硕士（J.M）、艺术硕士（MFA）和高级管理人员工商管理硕士（EMBA）专业学位研究生培养单位。

6月26日

顾稀 摄于六十年代初（顾健提供）

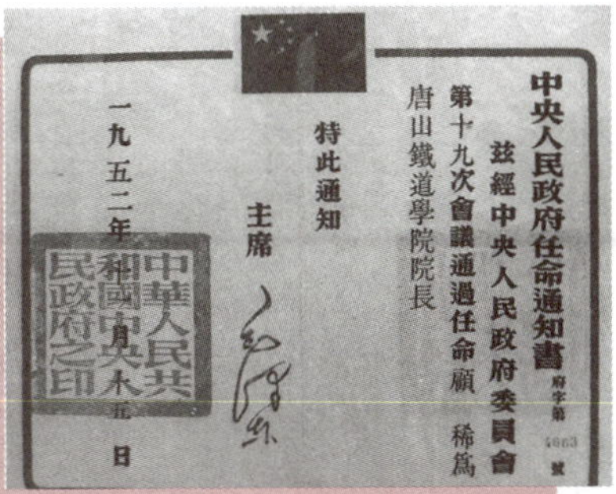

中央人民政府任命通知書 府字第4663號

茲經中央人民政府委員會
第十九次會議通過任命顧 稀爲
唐山鐵道學院院長
特此通知
主席

一九五二年 月 五 日

中華人民共和國中央人民政府之印

- 1949年6月26日 中国人民革命军事委员会铁道部部长滕代远令唐山工学院院长唐振绪，向铁道部派定的接管代表顾稀办理接管手续，在接管期间院长应照常维持院政，但院政的进行必须经过接管代表的同意。
- 1995年6月26日 我校1992级本科生邱丹自行编制的“工科大学物理学习辅导系统PCA1”软件，在北京通过了国家教委组织的专家评审，被认为已达到国内CA1软件先进水平。
- 2000年6月26日 国务院学位委员会批准我校有权在哲学、经济学、法学、文学、历史学、理学、工学、管理学等8个学科门类的28个一级学科自行审批和调整硕士学位点。
- 2009年6月26日 电1959级校友在唐山举行入学50周年纪念活动。

6月27日

1949年6月27日　唐振绪院长率领我校大部分教职工及家属和学生共约600人，结束7天6夜艰难行程，于当日到达唐山。在车站受到以接管代表顾稀为首的华北交通学院师生员工和我校没有南迁的师生员工的热烈欢迎。

1994年6月27日　以原西安交通大学校长、博士生导师史维祥教授为首的国家教委“211”工程专家组对我校进行实地审查。

6月28日

2002年6月28日　2001年高等教育国家级教学成果奖揭晓，我校申报的教学成果获得一等奖一项，二等奖四项。其中“土建类专业人才培养方案及教学内容和课程体系改革的研究和实践”获一等奖。

2005年6月28日　我校主持的国家“863”计划课题“四川省数据库管理系统关键应用示范”顺利通过了由国家“863”计划现代集成制造系统技术主题组织的国家级验收。

交通大学大纲

1928年6月28日　国民政府训令大学院谓：交通大学按其性质仍应由交通部管理。同日，交通部颁布《交通大学组织纲要》，我校定名为第二交通大学。

2001年6月29日　教育部组织的以上海交通大学原校长翁史烈院士为组长，重庆大学校长吴中福教授、北方交通大学校长谈振辉教授等为成员的专家组对我校“211”工程、“九五”期间建设项目进行验收。专家组对我校建设项目给予高度评价。

2006年6月29日　我校翟婉明教授被共青团中央、中国科学院、中国工程院、全国青联联合授予第六届“中国青年科学家奖”，全国共10位科技工作者获此殊荣。

2010年6月29日　我校研究生周福林同学成功入选“2009中国大学生年度人物”。

6月29日

6月30日

1986年6月30日　根据国务院学位委员会第7次会议审核通过的第三批博士、硕士学位授予单位及其学科、专业的名单，我校又有铁道工程、运输管理工程、机车车辆三个学科获得博士学位授予权，还有9个学科和专业获得硕士学位授予权，这9个学科和专业是：一般力学、计算力学、机械学、机械制造、内燃机、管理工程、建筑结构工程、水力学及河流动力学、工程测量。批准新增博士导师有邓域才(铁道工程)、严隽耄(机车车辆)、朱松年(运输工程)、路湛沁、奚绍中(桥梁与隧道工程)。

1994年6月30日　我校召开西南交通大学董事会成立大会，铁路系统30多个单位参加，董事会发起单位出资的首批教育发展基金突破千万元。

1998年6月30日　我校牵引动力研究中心正式成立。该中心由原牵引动力国家重点实验室、机车车辆研究所、铁道电气化与自动化研究所、列车与线路研究所组成。

2003年6月30日　我校范平志教授指导的博士生唐小虎的博士论文《低/零相关区理论与扩频通信系统序列设计》，入选该年度全国百篇优秀博士学位论文。

2011年6月30日　总长度1318公里、总投资约2209亿元的京沪高铁正式开通。它的建成使北京和上海之间的往来时间缩短到5小时以内，是新中国成立以来一次建设里程长、投资大、标准高的高速铁路客运专线。我校教师和广大校友为这条专线做出了重要贡献。我校教师承担了该线多项核心技术研究，1964届校友蔡庆华担任指挥长，多位校友负责部分路段的技术和管理工作。

教育總長特獎
竢實揚華
唐山工業專門學校
民國五年十二月

桃李思源（下）

——伴随交大每一天

SWJTU Our Alma Mater

—BE WITH, GROW WITH, FLY WITH

主　编　张雪永　战　凤

副主编　钱　森　韩琴英

编　委　刘　堃　张　壹　曹文翰

西南交通大学出版社

·成都·

7月1日

■1952年7月1日　经过两年的艰苦奋斗，成都至重庆505公里的铁路全线通车。成渝铁路是中国自行设计施工、完全采用国产材料修建的第一条铁路，是在极其困难的条件下修建的。它有力地促进了西南地区的物资交流。我校许多毕业生参与了这条铁路的修建，被誉为“南蓝北郭”的我国老一辈著名铁路工程选线专家蓝田、郭彝就是我校1916、1917届校友。

成渝铁路全线铺通后首趟列车抵达成都站

全国劳动模范、我校1917年毕业的郭彝

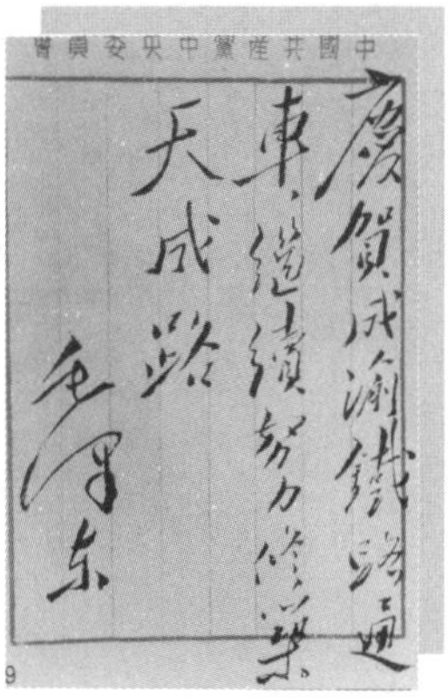

中國共產黨中央委員會

慶賀成渝鐵路通車，繼續努力修築天成路

毛泽东

■1981年7月1日　我校电化教育室多功能语言实验室建成投入使用。该实验室由我校自行设计安装，共30个座位，为教育教学工作提供了良好的硬件环境。

■1982年7月1—5日　全国水文情报网西南片水文计算学术讨论会在我校举行，130位代表参加了会议。我校校友、清华大学教授、著名水利专家黄万里出席了会议。

■1988年7月1日　铁道部批复:同意我校成立峨眉分校(今峨眉校区)。

■2006年7月1日　青藏铁路二期工程全线通车,我校许多校友参与了这条举世闻名的高原铁路的修建。1981届校友卢春房曾担任青藏铁路建设指挥长,1969届校友张鲁新作为冻土专家负责了技术工作,还有的担负了部分路段的技术和管理工作。

南宁铁路局赠送我校的DF4B型-7019内燃机车

7月2日

7月3日

1996年7月3日　我校建校100周年海内外校友天府联谊会在校友厅隆重举行,150余名海内外校友参加了联谊会,四川省副省长徐世群、铁道部教卫司副司长郑汉青、成都市副市长吴平国到会并讲话。会上,美洲交通大学校友会代表、台湾新竹交通大学代表、国内校友代表及纽约科技大学校长等分别讲话并向学校赠送礼品。联谊会后校友们分别参加了"世纪之光"新科技与创业经历报告会,土木学院等5个单位本科、硕士、博士生毕业答辩及西南交通大学面向21世纪发展战略研讨会。

五十年代中期在唐山叱咤风云的唐院足球队

唐院时期教室（内景）

7月4日

1912年7月4日　熊崇志监督（即当时的校长）辞职离任，交通部派赵士北继任，并改“监督”为“校长”。

1916年7月4日　茅以升从我校(交通部唐山工业专门学校)本科毕业,赴美国康奈尔大学投考研究生。该校不承认他的本科学历,出题考他,结果为特优。又对他进行研究生入学考试,又是特优。这所美国著名的工科大学随即作出决定,今后凡唐山工业专门学校学生来读研究生,一律免试。

■ 1951年7月5日　北方交通大学发文通知：京、唐两院系科调整问题，6月26日第五次校务委员会议，经系科调整小组提出研究结果：材料工程系迁归唐院领导，信号专修科迁归京院领导，建筑工程系迁归京院领导，京院添设商务系，唐院土木系分设为土木工程、结构工程两系。业经决议，照案通过。经教育部、铁道部于8—9月批准后执行。

7月5日

■ 1980年7月5日　我国改革开放的总设计师邓小平登峨眉山路过我校峨眉校区，当陪同人员田家乐介绍到此处是1965年内迁来川的原唐山铁道学院时，邓小平说："这所学校出了不少人才。"他还列举出了校友杨杏佛（杨铨）、竺可桢、茅以升的事迹。唐山交大的办学声誉在邓小平的早年记忆中留下了深刻的印象。

■ 2009年7月5日　西南交通大学武汉校友会成立。选举刘自明校友担任会长，海军工程大学一级教授、我校1946届校友、85岁高龄的郭日修学长为名誉会长。

【校训】

精勤求学
敦笃励志
果毅力行
忠恕任事

1992年7月6日　我校1933届土木工程系校友、美籍华人林同骅教授，结束在母校为期十天的讲学访问活动。

7月6日

1987年7月6日　我校收到铁道部教育局《关于铁路高等院校重点学科评选结果的通知》，我校铁道电气化与自动化、桥梁隧道及结构工程、固体力学、计算机应用、机车车辆、机械学、工程机械、岩土工程、铁道工程、运输管理工程、计算力学等11个学科被评为铁路高校重点学科。

1934年7月7日　毕业班同学在大礼堂请全体教职员和各班代表聚餐告别。每桌代表一条铁路，各人座位代表一个铁路车站，抽签入座，意颇新颖。宴会由毕业生陈曾骏主持。院长致词后，各教授也寄语毕业生。当日晚，边吃边谈，至11时尽欢而散。

西南交通大学桥84级同学返校合影 2007.7.21于成都

7月7日

2007年7月7日　我校土木工程学院桥梁工程专业1984级校友举行毕业20年返校活动，联谊会在九里校区举行。

1949年7月8日　军委铁道部决定唐山工学院、北平铁道管理学院、华北交通学院合并组成中国交通大学。中国交通大学校部在北平成立。中国交通大学分设唐山工学院和北平管理学院。自此我校更名为中国交通大学唐山工学院。

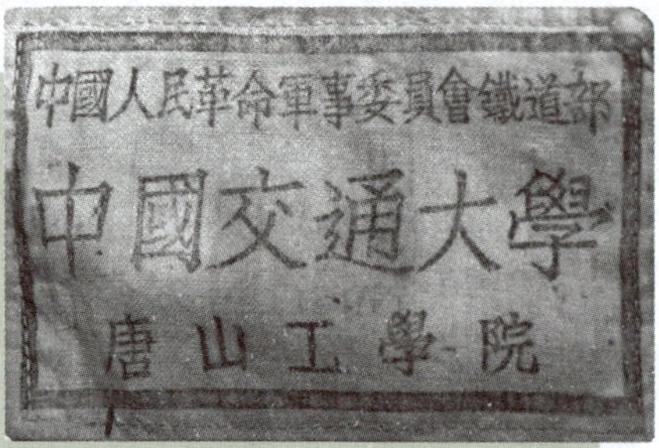

1985年7月8日　学校成立外语系。
1993年7月8日　西南交通大学眉山车辆工厂实践基地挂牌仪式在眉山车辆厂举行。这是我校第一个正式挂牌的校外教学实践基地。

7月8日

2005年7月8日　学校成立公共管理学院。
同日　学校同意“211工程”办公室提交的在新校区修建大型工业风洞（XNJD-3风洞）方案。经多方论证，2006年10月确定该风洞建设方案，2007年2月开工建设，2008年底建成。XNJD-3风洞是目前世界最大的边界层风洞，其试验段尺寸为22.5米（宽）×4.5米（高）×36米（长），断面尺寸位居世界第一，风速范围为1.0～16.5米/秒，主要技术指标均已达到世界先进水平。

1979年7月9日　美籍华人学者、美国里海大学教授、我校校友黄棣应邀来校讲学，历时一个月。

1988年7月9日　我校试行的大学生三年级末预分配供需见面会于7月7日至9日在峨眉举行。来自全国铁路及地方80多家企事业单位的近百名代表来我校选才。铁道部教育局郑汉青副局长到场指导。经过三天紧张的工作，用人单位与学生当面洽谈，双向选择，1989届毕业生中420名学生确定了预分单位，占应统分学生的71%，其中女生有40名，占选定人数的9.5%。这是我校首次举办三年级末预分配双选会。《人民日报》发表资深记者报道《冲击波：双向选择》。

7月9日

2011年7月9日　交通大学校友总会第十一届理事会暨交通大学校长论坛在京召开。

2009年7月9日　电机系1979级校友返校举行相识30周年纪念活动。

7月10日

1980年7月10日　美国康奈尔大学代表团一行10人来校，对我校进行友好访问。陪同代表团来校的有我校1935届校友、康奈尔大学校友、铁道科学研究院副院长唐振绪博士和中国科学院的李德明、张兴根等。访问期间，双方就交换访问教授和访问学者、互培研究生、进行科研合作及交换教学资料等进行会谈并达成了协议。13日，双方签订了谅解备忘录。访问活动一直进行到15日。

2010年7月10—13日　我校田径队在“耐克杯”第十一届全国大学生田径锦标赛中取得了男子400米金牌、女子标枪银牌和女子100米栏第四名的优异成绩。

2012年7月10日　交通大学北美校友会会长马开桂一行来校访问。

7月11日

7月12日

余海岁院士（英国）

2011年7月12日　我校校友、诺丁汉大学首位华人副校长余海岁教授当选英国皇家工程院院士。

2007年7月12日　接科技部通知,以我校为主持单位,并由四川大学、北京科技大学、同济大学、中南大学、铁道科学研究院等兄弟单位联合组成的国家重点研究发展计划“973”计划项目组承担的“高速列车安全服役关键基础问题研究”正式获准通过。该项目组首席科学家为我校牵引动力国家重点实验室主任张卫华教授。这是我校首次承担的国家级重大基础研究项目。

2010年7月12日　校党委研究决定，成立詹天佑学院和茅以升学院。我国铁路工程巨擘詹天佑与我校有很深的渊源。我校1900年第一届毕业生就参加了他主持修建的第一条中国自行建造的铁路——京张铁路。在1919年北京校友会成立大会上，不是我校毕业的詹天佑被推举为理事。1931年，由詹天佑亲友捐助的学生宿舍被命名为眷诚斋。我校迁川后，在峨眉，成都九里、犀浦校区都有詹天佑塑像。

7月13日

2006年7月13日　“铁路和磁浮系统提速和服务技术国际学术研讨会”在我校召开。会议由我校牵引动力国家重点实验室主办,中国铁道学会、中国国家自然科学基金委员会工程与材料学部、日本机械工程师学会协办。来自世界7个国家的60多位代表出席了会议。

1949年7月14日　我校研究制定我校系科设置方案,恢复原有的土木、建筑、采矿、冶金四系,呈铁道部批准增设机械、电机、化工三系,每系一个专业。增设铁道建筑、电信、信号、机车检修运用、车辆检修运用五个专修科(1950年8月,铁道建筑专修科划分为桥梁、线路两专修科),设预科一班。本科学制为四年,专修科学制为二年。

7月14日

7月15日

1998年7月15日　经国务院学位委员会批准，我校又新增岩土工程、机械设计及理论、电力电子与电力传动、载运工具运用工程和交通资讯工程及控制五个博士学位授权点。

1979年7月16日　美籍华人学者、美国宾夕法尼亚大学退休教授顾毓琇应邀来校作有关系统工程学的学术报告。

7月16日

7月

7月17日

1985年7月17日　四川省体委在成都电讯工程学院举行大学生田径运动员选拔赛，我校研究生蔡力勋获跳高冠军，成绩是2.0米。

1949年7月18日　中国共产党唐山工学院支部成立,共有党员29人(正式党员12人)。

7月18日

7月19日

1989年7月19日　我校收到国家计委科技司《关于确认世行贷款“重点学科发展项目”子项目的通知》，我校牵引动力实验室被确认为重点实验室，贷款额度为135万美元。

1934年7月20日　学生会编印了《唐大生活画刊》，介绍我校各方面的情况。

1996年7月20日　我校参与研制的首台交流传动电力机车问世，成为我国铁路牵引动力从交直传动系统向交流传动系统跨越的里程碑。

7月20日

1914年7月21日　奉交通部令:本部收到本部驻英刘公使函称，前清政府工程顾问、英人老山德培逝世后，嘱其子捐赠英金1000镑，建立老山德培奖学金,奖励中国工程学生。本部收本金存入银行，以利息奖励上海工业专门学校及唐山工业专门学校每年前五名优秀毕业生。这是我校历史上最早的学生奖学金。

1985年7月21日　中国乒乓球队一行30余人，来校访问并进行精彩表演。这次来校表演的有世界乒坛名将江加良、曹燕华、童玲等，表演为期两天。

7月21日

1988年7月22日　根据《关于评选高等学校重点学科暂行规定》，经国家教委审核批准，我校“桥梁、隧道及结构工程”“铁道牵引电气化与自动化”“机车车辆”三个学科被列为全国高等学校重点学科。

7月22日

杨纪珂（正面左二）

7月23日

1992年7月23日　林振信先生受聘为我校顾问教授。林振信先生早年毕业于台湾新竹交通大学,后一直从事电子业和国际贸易,1983年曾被评为台湾十大青年创业楷模之一,1991年在美国休斯敦获“杰出企业家”称号。

1997年7月23日　时任中国致公党中央常务副主席、我校矿1944届校友杨纪珂回母校视察工作并探访师长。

7月24日

1988年7月24日　日本东京大学工学部电气工学科主任、东京地区电气化铁道协会会长曾根吾教授，于7月24日至8月8日在我校就日本电气化铁道及电力牵引系统、铁道技术特长及发展方向等课题进行讲学。

我校留学生学习中国书法

7月25日

2010年7月25日　我校西安校友会成立。会员们推选王争鸣校友担任会长。

2009年7月25日　由中国交通运输协会、美国土木工程协会、中国茅以升科技基金会和我校共同举办的第二届交通运输工程国际学术会议在成都举行。

7月26日

1958年7月26日　我校举行盛大欢送会，欢送15位朝鲜、越南应届毕业留学生经过四年的学习，学成回国。这是在我校首批毕业的正规四年制本科外国留学生。

1964年7月26日　我校参加试制的电气化铁道供电系统遥控装置，荣获国家三等奖；参与研究试制的韶山型电力机车，荣获铁道部一等奖。我校代表于当日出席铁道部新产品授奖仪式，接受了国家与铁道部颁发的奖状和奖金。

1987年7月27日　以我校本科生为主的36人长征实践队出发，开展为期10天的“重走长征路”社会实践活动。

7月27日

1976年7月28日　唐山发生强烈地震，唐山校园全部建筑物被毁，倒塌房屋建筑面积近10万平方米。我校在唐山的教职工及家属死亡379人，重伤62人。

唐院三分部

7月28日

1985年7月28日至8月19日　沈大元副校长、陈大鹏副教授代表我校赴美国洛杉矶加州大学参加美洲交大校友第五届联谊会，同时对亚利桑那州立大学等6所高等院校进行了友好访问，并就双方开展学术交流、互派教师进修等问题进行了协商。

2007年7月28日　庆祝恢复高考30周年暨数学1977级校友返校座谈会在学术交流中心举行。

2009年7月28日　西南交通大学泸州校友会成立。

1950年7月29日　铁道部拨款为我校扩建校舍。我校购定扩建用地392.55亩，校园面积由292.7亩扩大到685.25亩。当年春新建教师宿舍数十间、可容千人同时用膳的学生饭厅一所，当年秋新建学生、职工宿舍数十间。

1982年7月29日　1982届本科生和干部专修科学生举行毕业典礼,会上颁发了毕业文凭和学士学位证书。这是“文化大革命”后首批全国统考入学的大学毕业生。

2010年7月29日　我校运输1980级校友返校举行相识30周年纪念活动，并向母校捐赠30万元纪念雕塑一座。

7月29日

7月30日

□ 1988年7月30日　根据有关学科专家组的评审意见,全国博士后管委会决定:批准我校力学学科固体力学专业设立博士后流动站,并招收博士后研究人员。

□ 同日　我校高渠清教授被聘为英国隧道学会荣誉会员。

□ 2000年7月30日　西南(唐山)交通大学长沙校友会成立,侯振挺当选为会长。

唐振绪校友

1990年7月　北京校友会完成换届选举工作，选出由60人组成的新理事会，推选唐振绪担任理事长。

广州校友会捐建的爆破研究所

7月31日

1984年7月　西南（唐山）交通大学广州校友会成立。
1991年7月　上海校友联谊会举行换届选举，赵祖康、朱物华、顾稀为名誉会长，母校原副校长沈正光（离休）当选为第二届会长。
2013年7月　我校地质1999级校友举行毕业10周年聚会。

1931年8月1日　铁道部令：从是日起我校正式更名为“国立交通大学唐山工程学院”。

同日　交通部所属交通大学各校，自8月1日起，改由教育部领导。由于抗战爆发未能立即实行。

1957年8月1日　我校举行首届工务干部班毕业典礼。这一届干部班，是我校于1955年2月开办的第一届干部班，共有45名毕业生，他们大多获得良好成绩，重返原来的工作单位。

1987年8月1日　第6期欧美交通大学校友子女暑期汉语学习班学员一行28人，结束在我校的参观访问后离蓉。

8月1日

8月2日

1986年8月2日　成都总校（今成都九里校区）建设工程于上午9时破土兴建。为做好向成都总校的搬迁工作，学校对总校基建工作提出了三点要求：①1987年底前必须完成结构实验室、计算机中心的土建任务；②1988年总校要接纳学生及教职工2000人；③1988年以后每年在成都总校进一个年级，搬迁工作于1991年全部完成。

1990年8月2日　由北方交大主办的第8期美欧交大校友子女汉语学习班一行11人，于7月29日—8月2日来我校参观学习，并到峨眉分校参观游览。

1995年8月2—7日　由我校承办的全国第四届大学生田径锦标赛在我校体育场隆重开幕。著名冰雪运动员叶乔波应邀来校参加了开幕式，并与我校数百名大学生座谈。

2000年8月2日　西南（唐山）交通大学深圳校友会成立，于培亭任会长。

1906年8月3日　我校在天津、上海、香港等地登报招生，共录取121人，计铁路工程科81人、矿科40人。

8月3日

1959年8月4日　遵照铁道部指示，我校成立数理力学系。

1980年8月4日　美籍华人、我校1947届校友陈耳教授一行来校参观访问，并与老学友座谈，作学术报告。

1987年8月4日　全路高校大学生第三届田径运动会于8月2—4日在南京铁道医学院举行。我校获团体总分第一名，男子团体总分第一名；奖牌总数(18块)和金牌总数(8块)均居各高校之首；田径项目有11人次破全路高校纪录。

8月5日

1987年8月5日　受国家教委结构力学教学指导小组委托，我校和清华大学联合主办1987年高等工科院校结构力学教师讲习讨论班。该班于7月21日至8月5日在我校科技交流中心举行，全国42所高校的67名教师参加。学习班重点研讨了“结构分析的程序设计”及“高层建筑静、动态分析”两个方面内容，并进行了示范讲解和微机操作表演。

19[illegible]4年铁一丁同学为庆祝七一排练红绸舞（吴学琳提供）

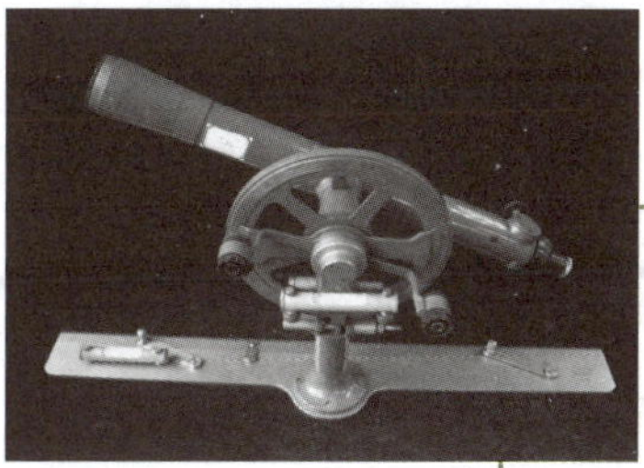

1958年8月6日　经铁道部批准，在我校增设工程数学与力学、工程地质与水文地质两个专业。

8月6日

8月7日

2010年8月7日　我校学生张雅婷在中央电视台与台湾中天电视台联合举办的第九届“海峡两岸知识大赛”中，获得最佳口才奖和最佳优秀奖。

8月8日

1981年8月8日　铁道部来文，同意我校李富文同志出任中国驻华沙国际铁路合作组织第九工务工程专门委员会主席。

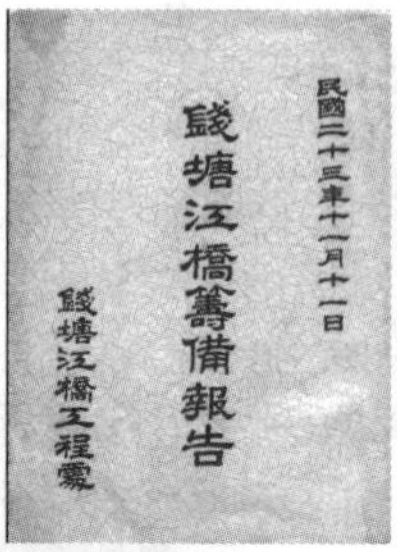

8月9日

1911届毕业生

1924届毕业生

8月10日

1928年8月11日　国民政府于南京召开全国交通会议，决议改组交通大学。
2012年8月11日　数1977级、1982级校友返校，分别举行毕业30周年和入学30周年纪念活动。

8月11日

8月12日

2011年8月12日　在深圳举办的第26届世界大学生夏季运动会上，我校国防生、国旗班队员刘昭晖经过全国选拔和集训，成为大运会开、闭幕式会旗旗手。我校体育教师刘江担任该届大运会排球项目裁判主席。

8月13日

朝鲜留学生在我校学习

1958年8月13日　朝鲜民主主义人民共和国政府代表团来我校参观访问。

8月14日

1958年8月14日　铁道建筑系将过去的专业实习改为“生产劳动”，3名教师以及三年级6个班的178名学生参加了詹东线施工劳动，直接受工程队领导。他们承包了铁道部詹东线一段工程，计有一座一孔2.5米的双线拱涵，一座一孔3.0米的双线板梁桥和一段路基土方。

8月15日

1945年8月15日　日本帝国主义宣布无条件投降。消息传来，全校师生员工欣喜若狂，当晚在丁家坳举行了提灯游行，庆祝抗战胜利。漫长的流离岁月即将结束，教育部原定我校迁往甘肃之议乃作罢论。后教育部同意我校迁回唐山、北平。学校决定筹组复员委员会，并向教育部争得复员费1.3亿元。

1981年8月15日　我校图书馆建成（今峨眉校区图书馆）。楼高五层，建筑面积6335平方米。这在当时，是我校有史以来最大的图书馆。

1905年8月16日　清政府铁路督办批准在唐山建校建议和学堂平面图及购地100亩计划。

8月16日

8月17日

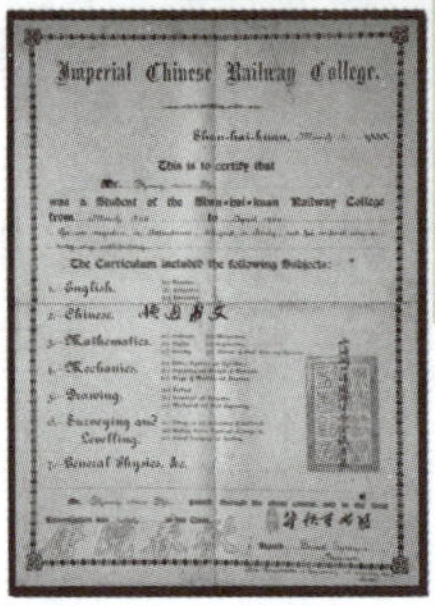
Imperial Chinese Railway College.

This is to certify that

The Curriculum included the following Subjects:

1. English.
2. Chinese.
3. Mathematics.
4. Mechanics.
5. Drawing.
6. Surveying and Levelling.
7. General Physics, &c.

1900年张孝基毕业证
我校第一张毕业证

1911届郑治安中文毕业证

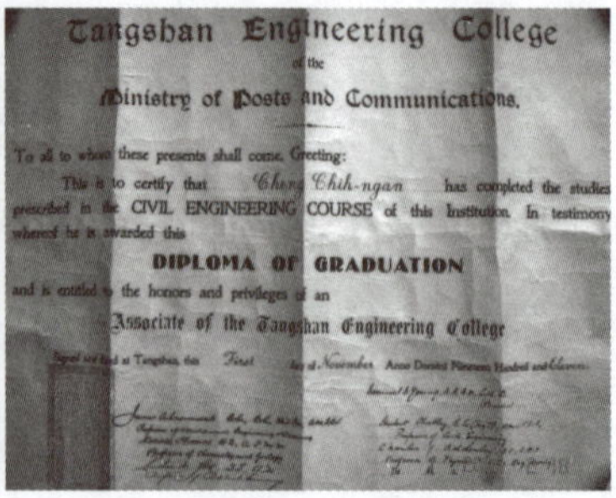
Tangshan Engineering College
of the
Ministry of Posts and Communications.

To all to whom these presents shall come, Greeting:

This is to certify that Cheng Chih-ngan has completed the studies prescribed in the CIVIL ENGINEERING COURSE of this Institution. In testimony whereof he is awarded this

DIPLOMA OF GRADUATION

and is entitled to the honors and privileges of an

Associate of the Tangshan Engineering College

Signed and Sealed at Tangshan, this First day of November Anno Domini Nineteen Hundred and Eleven.

1911届郑治安英文毕业证

8月18日

1944年8月18日　我校1933届校友林同骅和同事制作完成的苏式E-16型驱逐机于当日完成处女航。此机为我国自行设计制造试飞成功的首架运输机，为抗战做出了贡献。该机总重量10000磅，飞行高度15000英尺，航程1000英里。

1954年铁一乙班部分同学在潭柘寺阅览室前合影（曹锡亚提供）

8月19日

1989年8月19日　我校参加在北京举办的第二届全国图书展览。中央政治局委员、国家教委主任李铁映，中宣部副部长龚育之，全国政协副主席钱伟长等参观了我校的书展。钱伟长教授高兴地对我校工作人员说：“我是你们西南交大的老校友啊！我很了解你们的学校。”他称赞我校参展图书“层次高、针对性强”。

平民夜校

唐大月刊社

■ 1986年8月20日　以我校青年教师为主的长征实践队出发去冕宁、石棉、泸定等县，追寻当年红军长征足迹，接受革命传统教育。

■ 2010年8月20日　我校两支代表队在第三届全国大学生节能减排社会实践与科技竞赛决赛中获得全国一等奖1项、二等奖1项、三等奖3项，同时荣获“优秀组织奖”。

■ 2011年8月20日　我校校友黄万里先生诞辰100周年纪念活动在清华大学举行，我校代表团出席。

8月20日

黄万里参观成都总校建设模型

■1956年8月21日　我校各系代表王柢等13位教授、副教授，列席代表15位教授、副教授参加了全国铁道科学工作会议，会期8天。我校孙竹生、曹建猷、杜庆萱、沈智扬、吴炳焜、劳远昌、孙训方等提交了科研报告及论文9篇。会议听取了报告《关于全国科学研究工作长远规划》《关于全国铁路12年规划》等。我校吴炳焜、劳远昌、孙训方在会上做了报告。

■1989年8月21日　在峨眉召开了全校中层领导干部会议。会上宣布，下学期学校重心将转移到成都，其标志为：①学校领导重心全部转移；② 学校、各系党政办事机构在成都运转，日常工作在成都办理；③校、系、处主持工作的领导在成都作具体部署。

8月21日

■2011年8月22日　共青团中央、全国青联、全国学联、全国少工委在人民大会堂举行第七届中国青少年科技创新奖颁奖大会，我校2007级本科生杨川获此殊荣。他是当时四川省唯一获此殊荣的大学本科生。

8月22日

■ 1946年8月23日　由林炳贤教授率领的我校复员大队从丁家坳出发后，经四川绵阳北上，沿川陕公路越秦岭、过宝鸡，顺陇海路到徐州，南下抵上海。他们在上海稍事休息后，乘轮船北上，在秦皇岛登岸。经过六十五天的长途跋涉，于是日晚5时到达阔别九年的唐山校园。

8月23日

1951年8月23日　经校部批准：我校聘请王柢教授为土木工程系系主任、顾宜孙教授为结构工程系系主任、何杰教授为采矿工程系系主任、张文奇教授为冶金工程系系主任、史家宜教授为机械工程系系主任、任朗教授为电机工程系系主任、余国琮教授为化学工程系系主任。他们均为各专业知名专家。

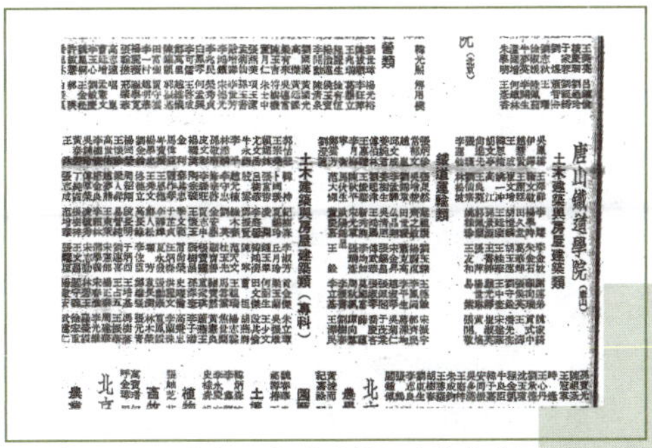

1953年9月29日北京《光明日报》唐院华北区录取名单

8月24日

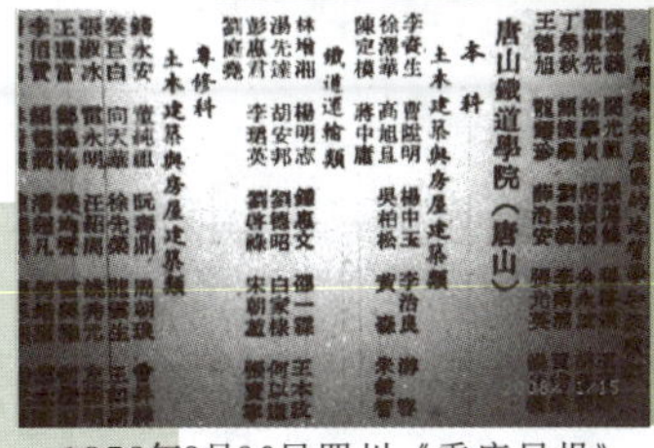

1953年9月30日四川《重庆日报》唐院西南区录取名单

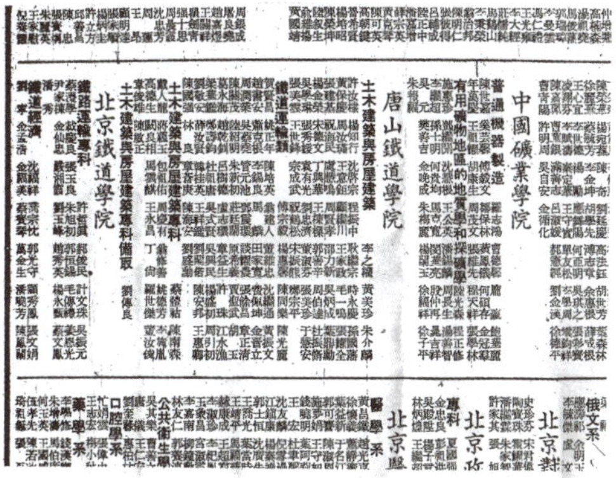

1953年9月29日上海《解放日报》唐院华东区录取名单

1998年8月25日　铁道部印发《关于西南交通大学“211”工程建设可行性研究报告的批复》，批准我校为“211”工程项目学校，并规定了其总体目标、学科建设、基础设施、效益目标等。

8月25日

■ 1993年8月26日　国际车辆系统动力学协会第13届学术会议于8月23—26日在我校举行，沈志云教授担任大会主席。我校4篇论文在大会上宣读。

8月26日

8月27日

■ 1954年8月27日　学校召开第一次团员代表大会，选举产生第四届团委委员。我校最早的团组织——社会主义青年团交大支部，成立于1923年冬，田玉珍任书记。田玉珍也是我校历史上第一位共产党员。

■ 1994年8月27日　我校高庆教授被任命为四川省科学技术委员会副主任(兼)。

■ 2007年8月27日　我校龚晖教授获第三届“高等学校教学名师奖”。

8月28日

2002年8月28日　我校逸夫馆工程顺利竣工。该楼建筑面积20500平方米，为7层现浇钢筋混凝土框架结构。工程总投资4200万元人民币，由逸夫基金、国债基金和学校自筹三部分投资修建。

茅以升雕像

8月29日

2001年8月29日　管理教学与学术国际研讨会在我校现代教育中心国际会议厅隆重举行。

1963年8月30日　院本部至三分部新址的铁路专用线换为重轨、轻油车后正式通车。该线于1960年11月16日开始施工，全长5.7公里，1962年春建成试运转。

8月30日

8月31日

- 1988年8月31日　我校出版社出版的《原理——时代的巨著》在美国圣地亚哥召开的第五届国际中国科技史会议上交流。学校代表在北京向英国驻华大使馆赠送了该书。英国驻华大使馆文化参赞马大卫先生说：这本书，对于促进中英两国经济文化和科技的合作与交流意义重大。该书在1989年9月“第三届全国优秀图书评选”活动中被评为全国优秀图书。
- 1989年8月31日　我校第十八次校务会议决定，由王长凯同志接替李汶同志任交大校友会理事，并接替钱治平同志任交大校友会总干事。
- 1992年8月　铁道系1952级校友入学40周年返校团聚。
- 1994年8月　铁、地、电1959级校友毕业30年返校团聚。

2009年9月1日　第六届高等教育国家级教学成果揭晓，我校获国家级教学成果一等奖2项，二等奖4项，获奖总数排全国第9位。

9月1日

9月2日

1991年9月2日　在北京人民大会堂召开的全国“七五”科技攻关总结表彰大会上，我校完成的科研项目——重载列车动力学研究获得国家“七五”科技攻关重大成果奖，该项目的主持人孙翔教授被评为国家“七五”科技攻关先进个人。

1958年9月2日　中共中央副主席、全国人大常委会委员长刘少奇，中共中央副主席、国务院总理周恩来莅院视察参观，受到师生员工的热烈欢迎。

■ 2010年9月2日　我校茅以升学院首届新生开学典礼在犀浦校区大学生活动中心举行。

1997年9月3日　学校领导应邀参加西门子（中国）公司在蓉举行的该公司150周年庆祝会，并与该公司签署1997—1998年西门子奖学金协定。西门子奖学金由德国西门子公司提供10万马克，于1994年11月20日在我校设立。

9月3日

学生电子设计国家一等奖

9月4日

朱育万教授20世纪40年代的听课笔记

9月5日

1981年9月5日　根据我校与美国康奈尔大学签订的校际合作协议，美国康奈尔大学首批四名留学生来校学习一年中文。

2007年9月5日　经全国博士后管委会专家组评审，我校测绘科学与技术学科被批准为博士后科研流动站。

9月6日

1983年9月6日　我校研制的DYF1型电气化铁道分区亭晶体管远动装置在石太线投入运行。

2004年9月6日　我校博士研究生杨冰荣获“首届中国青少年科技创新奖”。

朱育万教授20世纪40年代的听课笔记

1986年9月7日　《四川日报》第三版刊出尼加拉瓜高层建筑美洲银行大厦的照片，报导说：“1972年尼加拉瓜首都发生大地震时，美洲银行大厦是唯一没有倒塌的一座高层建筑。”这座建筑是我校土木系1931届校友、著名预应力专家林同炎教授设计的。林同炎教授由此而声名鹊起。

1990年9月7日　历时五天的国际隧道协会第16届年会暨学术报告会在我校成都校区结束。来自日本、英国、意大利、法国、美国和中国等28个国家和地区的500余名专家、学者和高级工程技术人员聚集一堂，围绕“隧道和地下工程的现状和未来”这一主题，交流了他们在研究、设计、施工、管理及维修等方面的最新成就、经验及设想。

9月8日

1988年9月8日　我校参加编制的《铁路线路设计规范》(GBJ9085)荣获国家计划委员会颁发的“工程建设优秀国家标准规范一等奖”。在编制该规范中主笔的马炜副教授获得国家计委颁发的“工程建设优秀国家标准规范一等奖”荣誉证书。

2003年9月8日　我校吴鹿鸣教授获首届“高等学校教学名师奖”。

2011年9月8日　我校罗霞教授获第六届“高等学校教学名师奖”。至此，我校教师已连续六届获该奖项。

1994年9月9日　中共四川省委书记谢世杰，省委常委、成都市委书记黄寅逵，副省长徐世群等省市领导专程来校祝贺第10个教师节，与我校30余位教师代表座谈，并到李汶教授和徐扬教授家看望。

9月9日

2004年9月9日　学校召开庆祝第20个教师节大会，对全国优秀教师周仲荣教授、全国师德先进个人陈光教授、四川省教育系统优秀教师范平志教授以及2004年青年教师讲课比赛的33名获奖者进行表彰。

2005年9月9日　我校吴鹿鸣教授、周仲荣教授在北京人民大会堂参加第五届高等教育国家级教学成果奖颁奖大会，其研究成果双双获得第五届国家级教学成果奖一等奖。

2006年9月9日　我校土木工程铁道工程系易思蓉教授荣获第二届“高等学校教学名师奖”。

2008年9月9日　我校冯晓云教授获第四届“高等学校教学名师奖”。

9月10日

1985年9月10日　我校师生员工集会，热烈庆祝我国第一个教师节。会上表彰了16位优秀教师，他们是：郭可詹教授(全国优秀教育工作者，铁道部优秀教师)、曹建猷教授、刘应清讲师(铁道部、四川省优秀教师)、易尧勋讲师(铁道部、乐山市优秀教师)等。另外，铁道部还向我校从事教育工作三十年以上教职工颁发了荣誉证书。

1997年9月10日　江泽民、李鹏、刘华清、胡锦涛等中央领导同志参观“辉煌的五年”展览时到四川展厅观看了我校送展的磁浮列车。

2009年9月10日　我校交通运输学院院长、博士生导师彭其渊荣获第五届“高等学校教学名师奖”。

2011年9月10日　西南（唐山）交通大学北京校友会青年分会成立。

越南留学生

1991年9月11日　我校徐扬教授荣获四川省青年科技创业奖。

9月11日

9月12日

1989年9月12日　我校土木系1944届校友返校观光团一行20余人来校，受到热烈欢迎。

2009年9月12日　诺贝尔经济学奖得主莫里斯教授（Professor Sir James A. Mirrlees)来校访问。

9月13日

1988年9月13日　中国科学技术协会发文通知：我校青年教师宁杰副教授荣获中国科学技术协会首届青年科技奖。

1991年9月13日　我校1943届土木系百余名国内外校友返校，举行了为时一周的联谊活动。校友们在此期间进行了毕业汇报会、学术研讨会，杨裕球教授为四川省土木建筑学会的会员作了《林同炎国际公司近期桥梁与房屋工程》的专题学术报告，陆惆如教授参加1991级新生开学典礼，并为获得1991年陆氏入学奖的5名新生颁发了证书和奖金。

9月14日

1978年9月14日　我校决定从1978年入学的学生开始，试行学分制。

1991年9月14日　加拿大校友魏凌云教授夫妇及台湾同胞洪兆钺先生来我校访问。

2002年9月14日　我校土木1946、1947届校友荣归母校，举办入学60周年庆祝活动。

9月15日

1986年9月15日　沈志云教授指导的英国博士研究生西蒙、依夫尼茨基于当年7月6日至9月15日在我校进行短期进修后，圆满完成进修计划回国。这是我校第一次接受英国留学生来校学习，也是科技方面的博士研究生首次来校接受指导。

2002年9月15日　我校高庆教授指导的博士生赵永翔的博士论文《低周疲劳短裂纹行为和可靠性分析》、沈志云院士指导的博士生金学松的博士论文《轮轨蠕滑理论及其试验研究》，入选2002年度全国百篇优秀博士学位论文。

2010年9月15日　由茅以升科技教育基金会、台湾土木水利工程学会主办，我校承办的2010年海峡两岸土木工程与轨道交通学术研讨会在学术交流中心多功能厅隆重召开。

2012年9月15日　我校代表团出席我校校友严恺院士诞辰百年纪念系列活动。

同日　西南交通大学各地校友会会长、秘书长联席会议在我校召开。

西南交通大学各地校友会会长、秘书长联席会

9月16日

2007年9月16日　由我校翟婉明教授指导，蔡成标博士完成的博士学位论文《高速铁路列车—线路—桥梁耦合振动理论及应用研究》入选2007年全国百篇优秀博士学位论文。

2008年9月16日　诺贝尔经济学奖得主蒙代尔（Robert.A.Mundell）主办的《世界经济人周刊》推出了“2008年中国最具影响力MBA”系列排行榜。在该排行榜中，我校MBA项目排第18位；在“2008中国最具发展潜力MBA”排行榜中，我校MBA项目排第2位。同时，我校经济管理学院贾建民院长被评选为“中国十大最受尊敬商学院院长”，黄登仕教授被评选为“中国十大最受尊敬商学院教授”。

9月17日

1966年9月17日　我校大部分学生和部分教职员工共3300人乘火车专列去北京参加国庆，接受毛主席检阅，10月21日返回峨眉。

1980年9月18日　下午，举行1980～1981学年开学典礼，曹建猷副校长作了“出席美洲交大校友联谊会”的报告。与曹副校长一同出席联谊会的还有基础课部主任郭可詹教授及科研处处长路湛沁教授。晚，举行迎新文艺晚会。

1999年9月18日　在中华人民共和国成立50周年之际，中央隆重表彰为我国“两弹一星”事业作出突出贡献的23位科技专家，并授予他们“两弹一星功勋奖章”。我校1946届校友、金属物理学家、材料科学家、工程物理学家陈能宽，1945届校友、我国航天材料及工艺的奠基者姚桐斌，曾在我校任教的物理冶金专家吴自良榜上有名。“两弹一星”指原子弹、导弹和人造卫星。

姚桐斌　　陈能宽　　吴自良

9月18日

2001年9月18日　由我校主持研究的高速万向轴式动力车转向架，在牵引动力国家重点实验室成功进行了动力学实验，最高时速达350公里，比原计划设计的最高速度每小时300公里提高了50公里。这为我国研制时速为300公里的高时速动力车打下了坚实的基础。

2004年9月18日　“西南交通大学成都犀浦校区启用仪式暨2004级新生开学典礼”在犀浦校区隆重举行。四川省原人大主任谢世杰，人大副主任王荣轩、席义方，副省长柯尊平、省政协副主席陈官权以及教育部、铁道部、成都市、郫县及唐山市等有关领导及单位代表到会祝贺。

9月

1931年9月19日　九一八事变的消息传来，群情激愤。不久，学生中成立了“满蒙问题研究会”“化学兵器研究会”“军事研究会”，并且组织了救国义勇军，进行军事训练，准备报效国家。

2002年9月19日　学校成立软件学院。

2012年9月19日　由科技部现代交通技术领域办公室组织的专家对我校“863”计划高速磁悬浮交通技术研究重大专项“车辆悬浮导向与涡轮制动控制系统研制（二）”课题进行了验收。专家组在听取报告、现场考察和质询后，一致同意该课题通过验收。

9月19日

9月20日

1990年9月20日　由我校主持研制的第一套国产化微机远动系统，经过半年试运行后通过成都铁路分局验收，正式交付使用。验收委员会评价该系统工程质量优良，系统运行效果良好，其先进性、可靠性已达到国外同类产品水平。

1991年9月20日　我校决定，航测及工程地质系划分为测量工程系和工程地质系。

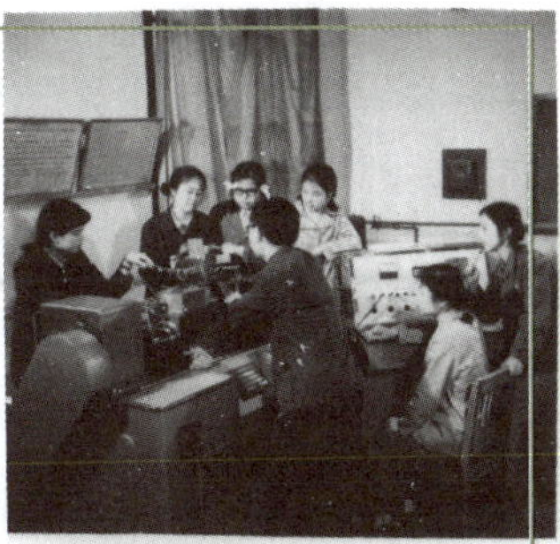

9月21日

1982年9月21日　交大美洲校友会会长何惠棠先生夫妇来校参观访问。

1984年9月21日　经铁道部批准，我校新设下列两系：社会科学系(原马列主义教研室)；管理工程系，下设管理工程专业。

2000年9月21日　唐山交大1946级土木、建筑、采矿、冶金4系同学27人在唐山聚会。这是他们毕业50周年纪念。

1990年9月22日　为纪念我国著名桥梁专家、教育家和社会活动家、原我校老校长茅以升，经国家教委批准，在我校建塑茅以升铜像。茅老塑像于1991年4月底建成，在95周年校庆纪念日举行揭幕仪式。

9月22日

9月23日

1996年9月23日　经国务院学位委员会批准，我校管理工程专业获博士学位授予权。

1997年9月23日　沈志云、王梦恕、马麟、白家棣、朱怀芳、钱清泉发出设立曹建猷基金的倡议书。曹建猷1951年8月回国后，一直在我校从事教学和科研工作，近半个世纪。

1912年9月24日　孙中山来到我校进行视察并对师生发表了鼓舞人心的演说。他说："国民革命需要两路大军，一路进行武装斗争，建立平等自由的中国；一路学习世界科学技术，改变祖国贫穷落后的面貌，在座诸君不都投身于锋镝之间。况且学习采矿、筑路、建桥，也是为了革命。"他还说："要中国富强起来，就需要修铁路十万英里，公路一百万英里，希望大家努力自学，以身许国，承担起历史重任。"

1985年9月24日　我校工程力学系成立，设工程力学专业。

9月24日

唐院三分部专用线上的蒸汽机车（校友土木提供）

9月25日

1988年 9月 25日　在已公布的1988年度国家科技进步奖中，我校研制的“重载组合列车研究试验和推广应用”“电气化铁道多微机远动实验装置”分别获二、三等奖。

2010年9月25日　中央电视台“新闻联播”栏目以“2010届毕业生——创业人数呈十倍增长”为题报道了我校2010届毕业生徐勇利用专业特长自主创业、创办了一家景观设计公司的事迹。

1937年9月26日　经过4年艰苦卓绝的努力，由茅以升主持建造的我国第一座公路、铁路两用大桥——钱塘江大桥铁路通车，公路于当年11月17日通车。这座第一次由中国人自行设计、主持建造的现代化桥梁，在抗战期间为转移民众、输送物资发挥了重要作用。

1992年9月26日　我校内部管理体制改革迈出实质性的一步，首批11个系（所）与学校签订目标责任协议书。

2003年9月26日　学校召开首届茅以升班开班典礼。茅以升科技教育基金会副主任胡正民、秘书长茅玉麟（茅以升之女）出席了开班典礼。

2009年9月26日　在首届海峡两岸高校学生轨道交通应用技术创新竞赛中，我校“列车自动驾驶ATO仿真系统”项目获得本次总决赛冠军。

9月26日

9月27日

1984年9月27日　我校研究生会正式成立。选出陈君礼、高波、范平志等20名研究生组成首届委员会。

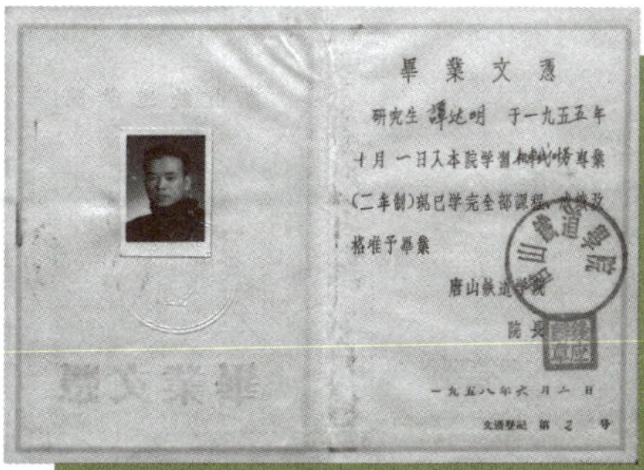

1982年9月28日　我校举行隆重的颁授证书仪式，授予土木系1931届校友、美国工程科学院院士、国际著名预应力混凝土专家林同炎博士名誉教授证书。林教授在我校进行参观、举行座谈，并作了学术报告。

9月28日

9月29日

1954年9月29日　我校火车头体育协会成立。我国于1952年成立了中国火车头体育协会，是中国最早的行业系统体育协会，负责320万铁路职工和近100万铁路学校学生及广大职工家属的体育工作。

9月30日

■ 1900年9月30日　山海关炮台由八国联军中的英军占领。学堂校舍亦同时遭到践踏。学堂被迫暂停开学。

■ 1955年9月30日　通过考试和审查批准，我校铁道机械系录取了8名研究生，铁道建筑系录取了10名研究生，均由苏联专家授课。学制二年。以上18名研究生于1957年10月毕业。这是我校首次培养研究生。

■ 1995年9月30日　我校牵引动力实验室由国家教委批准为国家级开放实验室。

■ 2003年9月30日　我校长江学者计划特聘教授周仲荣荣获“全国优秀留学回国人员”称号。

■ 1981年9月　西南（唐山）交通大学北京校友会在茅以升老校长的倡议下成立，茅老亲自担任理事长。

■ 2005年9月下旬　供电1976级校友返校举行毕业25周年纪念活动。

供电1976班校友返校

1998年下半年 《西南（唐山）交通大学海外校友通讯》在美国创刊。

1日
10月

1983级校友返校师生茶话会

- 1949年10月1日　中华人民共和国宣告成立。毛泽东主席在天安门城楼上主持开国大典。我校师生分别参加了唐山市和旅大市举行的庆祝大会。当从广播里听到毛泽东主席庄严宣告“中华人民共和国中央人民政府今天成立了！”“中国人民从此站起来了！”时，全校师生热泪盈眶，群情激奋。校园内第一次升起了五星红旗。
- 1969年10月1日　服务于北京市及其周边地区的城市轨道交通系统——北京地铁——我国第一条地铁线路建成通车，使北京成为中国第一个拥有地铁的城市。它始建于1965年7月1日。我校教师和校友为北京地铁的建设作出了贡献。高渠清教授被聘为北京地铁顾问，1953届校友施仲衡院士曾任北京地下铁道公司科研所所长，王梦恕院士及许多校友参与了北京地铁的顾问与设计、建设工作。
- 2004年10月1—6日　我校航地系1984级同学20年联谊会系列活动在成都、峨眉两地举行。
- 2005年10月1日　我校成立国旗班，由25名国防生组成。2011年春节期间，国旗班队员为北川新县城升起了第一面国旗，中央电视台新闻频道对此进行了报道。
- 2007年10月1日　原电机系铁道电气化、电力机车、自动控制和计算机4个专业1983级校友举行毕业20周年返校活动。
- 2008年10月1日　国庆期间，我校铁道1978级、机制1984级、电算1984级、金材1984级、地质1988级、电化1989级等一大批校友纷纷重返母校。

10月

2日

10月

1983年10月2—8日　我校校友、中国力学学会理事、天津大学教授赵祖武来校访问，并应邀作了题为“塑性力学的作用与本构关系”的学术讲演。

唐山铁道学院本部西讲堂　摄于20世纪60年代初（顾健提供）

3日
10月

唐院学生与新伙伴——华北交通学院学生在一起

唐山交大女生宿舍

我校历史上第一位女生朱颖卓

唐山交大的女生们

4 日
10月

1952年10月5日　据《新唐院》载文《我校三年来的建设发展情况》报导：解放以来，政府对我校的投资，计1949年320万斤小米，1950年850万斤小米，1951年2300万斤小米，三年来共投资3470万斤小米，合人民币381亿元(旧币)。学生人数由解放前的300多人，激增至1800人。在教学方面，由3个系扩大至8个系，5个专修科，教职工由244人增加至520人，共有教研组24个。实验室由6个增加到18个，三年来在仪器购置方面共投资142亿元(旧币)。共有图书87366册，比解放前增加了95.7%。

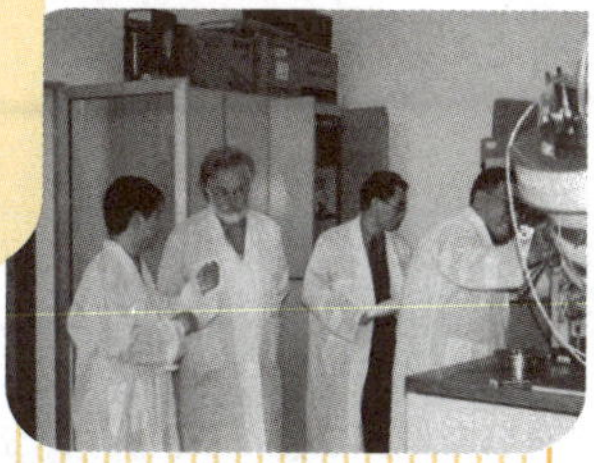

5日

10月

- 2012年10月5日　教育部公布了“十二五”国家级实验室教学示范中心名单，我校材料科学与工程实验教学中心名列其中。截至当日，我校已获批建设7个国家级实验教学示范中心。
- 同日　由我校牵头建设的“陆地交通地质灾害防治技术国家工程实验室”获国家发改委批准立项建设。中央和地方共投资2700万元建设，这标志着历经四年筹建工作的国家工程实验室进入了实质性建设阶段。

6日

10月

1955年10月6日　我校速成中学教师崔爱麟，在第一届全国工人运动会上夺得女子80米低栏第一名，并获优秀运动员称号。

受聘交大函

7日

10月

1988年10月7日　应我校邀请，我校顾问教授、美籍著名交通工程专家张秋先生来校就“交通工程学的发展”和“城市交通规划”等内容进行讲学，并捐赠4000美元设立“张秋奖学金”，用以奖励我校交通工程专业学习成绩优异的学生。1990年6月7日，张秋先生再度应邀到校访问，期间进行了学术交流，并举行了首届“张秋奖学金”颁发仪式。

8日
10月

1951年10月8日　教育部通知，同意我校选派助教马如璋、杨衍明赴苏留学。他们是新中国成立后我校第一批留学生。而后，他们于1955年毕业(获副博士学位)回国。

1984年10月8日　校长办公会议决定，在成都开办交通管理专业。

2004年10月8日　高等教育与科研院所学位与研究生教育评估所公布，我校交通运输工程一级学科整体水平排名全国第一。

- 1989年10月9日　峨眉分校（今峨眉校区）1989—1990学年开学典礼隆重举行。这是成立峨眉分校后举行的第一次新学年开学典礼。当年分校招收新生700多名。

- 同日　铁道部重点科技项目和国家重大新产品试产计划N602型铁路起重机在铁道部大桥工程局桥梁机械制造厂试制成功。它的问世，填补了我国大吨位铁路起重机制造的空白。该机由周志鳌副教授带头的设计组设计，由北京铁路局招标，西南交通大学、北京铁路局等单位联合开发。

肖纪美

1992年10月9日　我校校友、国内外著名科学家、中科院学部委员肖纪美教授回母校讲学，并受聘为我校名誉教授。王润霖书记、沈大元校长等校领导亲切会见了肖纪美教授。

- 2009年10月9日　学校获批设立“地质资源与地质工程”博士后科研流动站。至此，学校共有9个博士后科研流动站。

9日
10月

10日

10月

1990年10月10日　AMSE（国际高等建模与仿真协会）国际“信号与系统”学术会议在我校结束。来自8个国家和地区的代表260余人参加会议，会议由我校李群湛副教授主持。会议宣读交流论文300余篇，其中我校青年学者提交的论文达50余篇。

同日　我校郭耀煌教授当选为西南地区运筹学学会常务理事。

2013年10月10日　“四川思源经济与信息发展促进中心暨交通大学四川校友企业家协会”成立大会在成都望江宾馆举行。

11日
10月

2000年10月11日　经"长江学者奖励计划"专家评审委员会审定，我校周仲荣博士成为教育部西南交通大学"机械设计及理论"学科特聘教授。

周仲荣

林同炎等人的大学毕业设计

12日 10月

1989年10月12日　交通大学校友总会理事会换届改选在北方交通大学举行。在新产生的第四届理事会中，我校李汶教授当选为名誉理事，王润霖、沈大元、白家棣、曹建猷、郭可詹、钱治平、顾兆泰、陈大鹏、王长凯、林良当选为理事，沈大元当选副会长，王长凯兼任干事会常务干事。

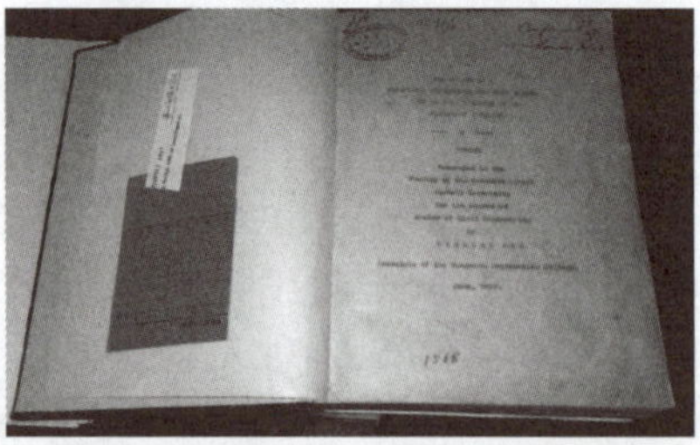

茅以升康奈尔大学硕士论文

茅以升博士论文

13日
10月

1980年10月13日　《光明日报》记者来我校采访开设选修课情况。我校从1978—1979学年起，在1978、1979、1980年级学生中试行了学分制，三年间，全校共开设了35门选修课。之后又陆续增设103门。

2010年10月13日　教育部批准我校在电气工程、建筑与土木工程及交通运输工程三个领域开展专业学位研究生教育综合改革试点，我校是四川省部属高校中唯一获此资格的学校。

2012年10月13日　我校召开桥梁与隧道工程专业创办60周年庆祝大会。

1978年10月14日　我校隆重举行1978—1979学年开学典礼。这是我国恢复高考制度之后我校举行的首次开学典礼，共有814名新生和30名研究生到校。

- 2009年10月14日　我校峨眉校区代方同学设计的声控式新型耳机正式获得了国家知识产权局颁发的“实用新型专利证书”。这是峨眉校区在校大学生获得的首项专利。

14日

10月

2001年10月15日　由我校、长春客车厂、株洲电力机车研究所联合开发研制的我国首台国产常导磁悬浮客车于8月14日下线，并从长春运抵我校。这辆磁悬浮客车体长11.2米，宽2.6米，内设28个座位，载重2吨。

2011年10月15日　研究生1988级校友毕业20周年返校聚会在九里校区举行。

15日

10月

16日

10月

1993年10月16日　由我校与AMSE共同主办的93国际MSC(建模、仿真与控制)学术会议在我校召开，钱清泉教授、李群湛副教授分别担任本次会议主席和执行主席，143名中外学者参加会议，收到论文410篇，会议交流266篇，其中我校有38篇。

2006年10月16日　中国青年科技工作者协会第四届会员代表大会、第六届“中国青年科学家奖”颁奖典礼在北京举行。我校翟婉明教授荣获“中国青年科学家奖”称号。

2009年10月16日　第七届国际断裂力学学术会议FM 2009(7th annual international Meeting of Fracture Mechanics）在我校举行。

2010年10月16日　由香港理工大学和我校共同主办的“第四届航运、港口及机场国际论坛”开幕式在成都隆重举行。

17日 10月

1964年10月17日　根据中央工作会议精神，高等教育部、铁道部商定：① 唐山铁道学院迁往四川峨眉；② 建校设计任务，仍遵照1963年3月18日国务院批准的设计任务书规定的规模：本科3600人、研究生400人；③ 投资总额为2400万元；④ 原设计面积112000平方米系考虑到利用旧校址部分房屋，另建时应适当增加生活福利用房。

1991年10月17日　我校为铁道部开办的第一个研究生层次的综合管理干部班开学。

2001年10月17日　成都军区与我校在学校国际会议厅签订《联合选拔培养军队干部协议》。自此，我校正式成为新时期我国培养后备军官的重要基地。时年，我校有30名学生经军区政治部批准成为首批后备军官。学校以后每年将从当年参加高考的学生中为成都军区招收、培养国防生，并承担成都军区选送干部的学历教育、在职进修和短期培训等工作。

2008年10月17日　国家教育部高等教育司公布了2008年度普通高等教育精品教材书目，我校杨儒贵老师编写的《电磁场与电磁波》和严隽髦、傅茂海老师编写的《车辆工程》光荣入选。

2009年10月17日　第五届交通大学全球校友商界领袖峰会在我校隆重举行。铁道部副部长卢春房，四川省人民政府副省长黄彦蓉，铁道部总工程师何华武，交通大学四川校友会会长、全国政协常委、民革中央副主席钮小明及我校领导等出席大会。

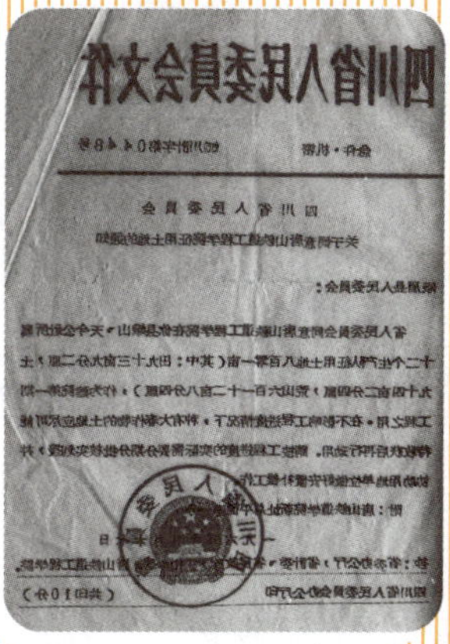
四川省人民委员会文件

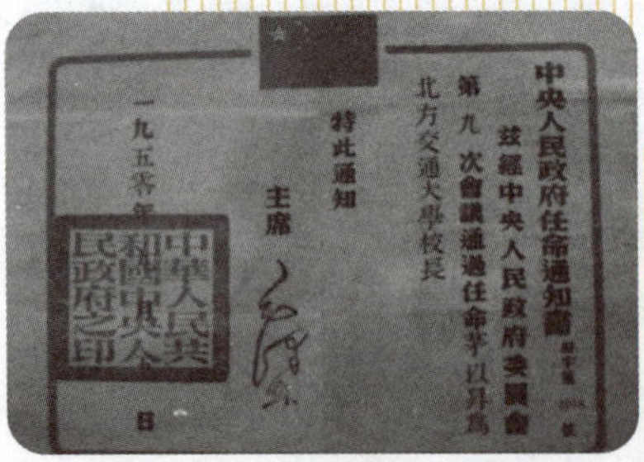

18日

10月

茅以升美国工程院院士证书

1949年10月18日　铁道部任命我国著名桥梁专家茅以升教授为中国交通大学校长。

2010年10月19日　学校撤销“环境科学与工程学院”及下属机构，将环境学科专业及土木工程学院的测量工程、地质工程两学科专业合并组建“地球科学与环境工程学院”。地球科学与环境工程学院于2011年3月6日正式成立。

同日　学校撤销“交通运输学院”“物流学院”及其下属机构，将两学院的学科专业合并组建“交通运输与物流学院”。

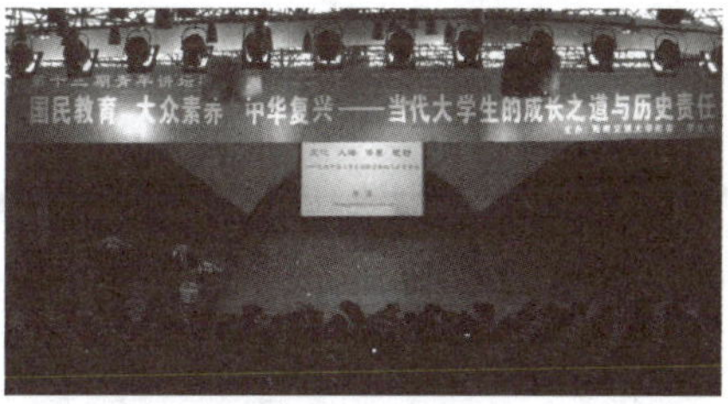

19日
10月

2008年10月19日　交通大学江西校友会成立大会在南昌举行。选举产生由69位校友组成的理事会，全文甫担任会长。

20日
10月

1959年10月20日　我校成立支援水利建设勘测设计队，首批勘测队员由铁道系航56—2班学生和铁道、桥隧两系的部分教师组成，邵福旿教授担任正队长。全队主要投入勘测与设计秦皇岛西北的洋河水库工程(河北省时年水利建设重点工程之一)。为加快工程进度，10月26日，我校又派出铁道系1958级五个班组成两个分队，分赴洋河、滦县两地。历时半个月完成水库勘测任务后返校。

1992年10月20日　由我校与电子科技大学、四川省西南CAD工程中心联合承担的国家“CAD应用培训网络——成都中心”通过国家级论证。该中心是负责西南地区CAD应用培训的国家级中心，也是我国铁路系统、电子系统唯一的中心。该中心将在西南地区建立CAD应用培训区域网，成为电子工程、土木工程、机械工程、轻纺工业CAD应用培训网络的核心节点。根据专业分工，我校以土木工程、工程机械、机车车辆CAD培训为主。

21日
10月

1996年10月21日　在第三届全国“周培源大学生力学竞赛”中，我校荣获团体优胜奖，其中桥1993—2班章国平荣获个人三等奖。我校是除清华大学连续三届获团体奖外唯一获得两次团体优胜奖的高校。

1960年10月22日　中共中央发出《关于增加全国重点高等学校的决定》，我校（唐山铁道学院）被遴选为全国64所重点高等学校之一。
2003年10月22日　我校新增材料学、系统工程、计算机应用技术、地图制图学与地理资讯工程、地质工程、企业管理6个博士学位授权点。
2011年10月22日　电化1987级校友毕业20周年座谈会暨扬华基金捐赠仪式在九里校区举行。

22日
10月

23日

10月

2008年10月23日　美国国家工程院院士厉鼎毅博士受聘为我校名誉教授。

24日

10月

■2002年10月24日　我校“211”工程二期建设的学科项目通过了教育部专家组的论证，获得了专家组的充分肯定。

■2008年10月24日　国家信息化专家咨询委员会委员、中国工程院院士、信息系统工程专家沈昌祥院士受聘为我校双聘院士、名誉教授。

2010年10月25日　我校学子在第四届全国大学生机械创新设计大赛决赛上参与的三个项目“高架空输电线除冰机”“高楼往复逃生器”“高楼逃生器”均荣获全国一等奖，总体成绩名列前茅。

同日　继茅以升学院成立之后，我校詹天佑学院开学典礼在犀浦校区图书馆一号报告厅隆重举行。

詹天佑学院开学典礼

25日 10月

1953年10月25日　朱德副主席莅临我校北京分部潭柘寺参观。随同前往参观的有军委秘书长杨尚昆等。临别时，朱副主席勉励师生要“身体好、学习好、工作好”。

1988年10月25日　联邦德国驻华大使韩培德以联邦德国总统里夏德·冯·魏茨泽克的名义，将代表德国最高荣誉的“大十字勋章”授予我校校友、我国著名力学家、中国科协副主席、世界工程师协会副主席张维，以表彰他为促进中德人民的了解和友谊做出的贡献。张维教授是我校1933届毕业生，1986年被聘为我校名誉教授。

2011年10月25日　孙中山先生铜像在学校犀浦校区落成，孙中山先生的孙女孙穗英博士等出席揭幕仪式。孙穗芳博士代表孙中山先生和平教育基金会，出资铸造了100尊铜像，捐赠给世界各地与孙中山先生有渊源的学校和科研院所。我校这一尊孙中山先生铜像为100尊铜像中的第77尊，也是四川省内唯一的一尊。

2008年10月26—27日　贵州省福泉市（原名平越县）隆重举行交大驻平越70周年纪念活动。

26日
10月

2011年10月26日　斯坦福大学教授、诺贝尔物理学奖获得者道格拉斯·奥谢罗夫来校作学术报告，并受聘为学校荣誉教授。

同日　新西兰皇家科学院院士、工程院院士、奥克兰大学（The University of Auckland)工程学院副院长高唯教授莅临学校，并作为特邀嘉宾参加学校115周年校庆及材料学院80周年院庆。

27日 10月

1979年10月27日　中共西南交通大学第六次代表大会开幕。全校党员922人。参加大会代表215人，其中正式代表195人，列席代表20人。大会通过了《解放思想、振奋精神，为把我校办成教学、科研中心而奋斗》的工作报告。这是“文化大革命”之后我校恢复党委后的首次代表大会。

28日
10月

2010年10月28日　世界上首套同相供电装置在成（都）昆（明）铁路眉山牵引变电所投入试运行。该装置是由我校主持承担的国家重大科研项目——国家科技支撑计划“电气化铁路同相供电装置”课题组研发的，该装置成功投入试运行，标志着我国在该领域已达到世界领先水平。

1999年10月28日　在第六届“挑战杯”全国大学生科技组作品竞赛中，我校1996级学生张俊发明的“远程水文无人智能控测处理系统”被成都迈普集团以300万元的价格锁定。这是我校在“挑战杯”上的首次签约。

1988年10月28日　我校和成都铁路局研制的国家科技攻关项目“接触网检测车”在广汉通过了铁道部技术鉴定。接触网系统是电气化铁道的重要供电设备，随时掌握接触网的各种技术参数，对于不间断地向电力机车供电，提高线路通过能力，确保电气化铁道的安全运输具有重大作用，是铁路事业发展的现代化工具。

29日
10月

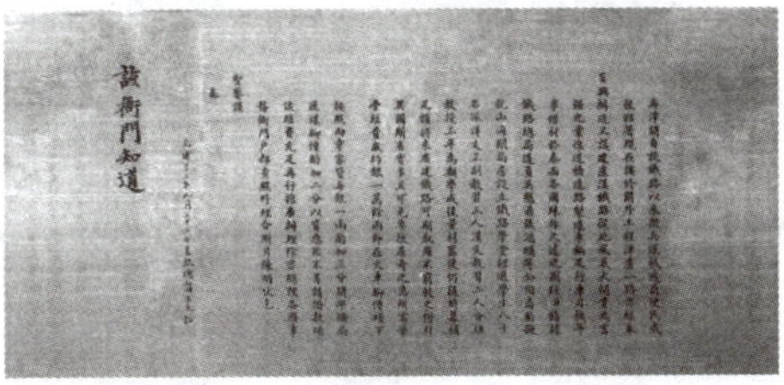

1896年10月29日　直隶总督兼北洋大臣王文韶上奏清廷设立山海关铁路学堂的奏折获批，这是我校最近才发现的。

2012年10月29日　何梁何利基金2012年度颁奖大会在北京钓鱼台国宾馆隆重举行。我校何川教授以其在交通运输技术领域做出的突出贡献获得“科学与技术进步奖”。何梁何利基金由香港爱国金融家何善衡、梁銶琚、何添、利国伟先生于1994年3月30日依据香港普通法捐资创立，以奖励中华人民共和国杰出科技工作者为宗旨。何梁何利基金奖已成为我国科学与技术领域具有重要影响的大奖。我校沈志云院士、翟婉明院士先后分别荣获“科学与技术进步奖”（1999年）、“科学与技术创新奖”（2006年）。

1952年10月29日　根据铁道部指示，我校因校名变更，更换新校徽（指师生员工佩戴在胸前的校徽）。学校发出布告，唐山铁道学院于11月1日起更换新校徽(长方形)，学生为白底红字，教职工为红底白字。

2003年10月29日　我校在2003年全国大学生电子设计大赛中获一等奖3项、二等奖1项。

2011年10月29日　轨道交通实验室正式启用。

1953年唐山铁道学院学生校徽（高永康提供）

2010年10月30日　我校1990级研究生返校举行入学20周年纪念活动。
2011年10月30日　学校国家自然科学基金项目再创佳绩，首次突破100项大关。

30日
10月

1979年10月30日　我校学生宋绍南荣获全国和全路“新长征突击手”光荣称号，并且出席了共青团全国铁道委员会召开的全路“新长征突击手(队)”表彰大会。

2000年10月30日 中国工程院院士、我国著名爆破专家、中国铁科院冯叔瑜研究员受聘为我校名誉教授、土木工程学院土木工程爆破研究所名誉所长。

2002年10月30日　西藏大学和我校在成都联合召开办公会，共同确定了西藏大学工科专业2003—2007年受援规划方案，启动了西南交通大学对口支持西藏大学二期工程。

1929年10月31日　毕业班举行毕业考试，铁道部特派北宁铁路局副局长劳勉到校监试。考试至11月9日结束。

31日
10月

1977年10月31日　四川省革委会计委下达《1977年普通高等学校招生计划》，我校计划招生人数为420名。这是我校自“文化大革命”中断11年后首次恢复高考招生。

2004年10月　我校校友赵吉斌出任中国铁通集团公司董事长。

1日

11月

1949年11月1日　中国新民主主义青年团唐山工学院总支部委员会正式成立。

2日
11月

1985年11月2日　西南交通大学出版社正式成立。

1995年11月2日　在我校建成的我国交通行业唯一的国家级牵引动力重点实验室正式通过国家验收，标志着我国机车车辆基础理论研究与大型试验技术跨入国际先进行列。该实验室有集滚动、振动于一体的整体模拟试验台，试验速度达400公里/小时，在世界名列第二，亚洲名列第一。

2012年11月2日　诺贝尔化学奖获得者Harold Kroto爵士受聘为我校名誉教授，成为继诺贝尔物理学奖获得者道格拉斯·奥谢罗夫之后，我校的又一位诺贝尔奖在身的名誉教授。

3 日

11月

1995年11月3日　我校学报在国家教委组织的全国高校学报“三优评比”中，获得“优秀学报一等奖”。

2005年11月3日　我校首届“竢实扬华奖章”评选答辩会在犀浦校区举行。“竢实扬华奖章”是我校学生个人最高荣誉，按照参评学生总人数的1‰评定。

4日
11月

1997年11月4日　中共中央政治局常委、国务院副总理李岚清视察我校，听取了学校工作汇报，参观了我校教学科研成果展、校史陈列馆、磁浮列车试验中心和工程结构实验室，还专程看望了他中学时代的老师、我校89岁高龄的李汶教授。

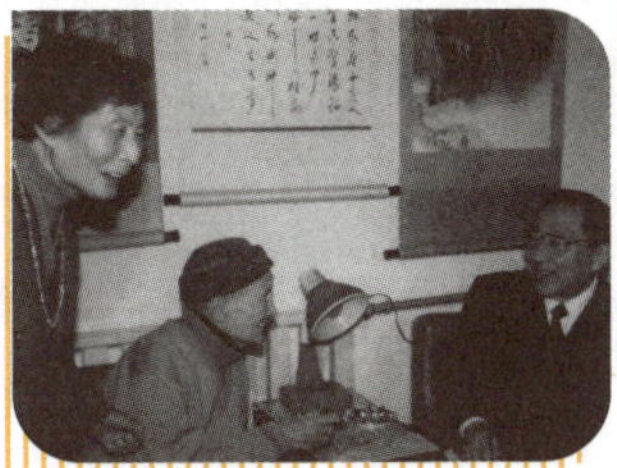

同日　第五届中国艺术节慰问成都地区高校师生音乐会在我校“詹天佑体育馆”举行。中央政治局常委、国务院副总理李岚清，中共中央政治局委员、国务委员李铁映，国家教委党组书记陈至立，铁道部党组书记、部长傅志寰，四川省委书记谢世杰等领导同志与来自成都地区19所高校的5000余名师生一起欣赏了中国交响乐团的精彩表演。

1997年11月5日　中科院院士、华中理工大学原校长杨叔子教授受聘为我校名誉教授。

2006年11月5日　南加州校友会于洛杉矶举办2006年年会，庆祝母校110周年华诞暨交通大学南加州校友会成立64周年。

5日

11月

6日
11月

1957年11月6日　在苏联十月革命节40周年前夕，周恩来总理写信给我校苏联专家表示祝贺。

2009年11月6日　机制1979级校友返校举行入学30周年纪念活动。

机制1979级校友返校举行入学30周年纪念活动

1928年11月7日　南京国民政府成立铁道部，孙科任部长，交通大学划归铁道部领导，孙科兼任校长，我校校长仍为孙鸿哲。

7日

11月

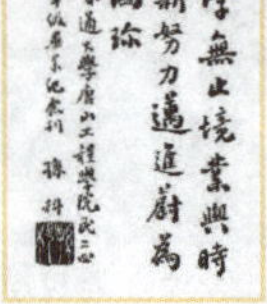

8日
11月

1993年11月8日　国家教委工科结构力学课程教学指导小组1993年(扩大)工作会议在我校召开。国家教委工科力学课程教学指导委员会第一副主任委员兼结构力学课程教学指导小组组长、清华大学博士生导师、我校校友龙驭球教授及24所院校的30多名代表出席会议。龙驭球教授受聘为我校名誉教授并向母校图书馆赠送了自己的部分著作。

2011年11月8日　我校校友康熊荣获何梁何利基金科学与技术进步奖。

1922年11月9日　我校在上海的校友创办《唐山潮声》（上海《民国日报》副刊），声援开滦五矿的同盟大罢工。

9日

11月

1982年11月10—13日　我校校友、兰州大学副校长徐躬耦教授一行三人来校访问。

1985年11月10日　由我校刘钟华教授、王夏鍪副教授等研究的国内第一台1：4轮轨摩擦学模拟试验台，在摩擦学研究室试车成功，它具有双轮双轨模式，试验功能超过英国单轮单轨的11T-GMEMD轮轨模拟试验台。

1987年11月10日　《文汇报》报道,我校校友、名誉教授、美籍华裔科学家、国际知名的预应力结构工程专家林同炎博士,10月17日荣获美国顾问工程师理事会(ACEC)颁发的1987年度“功勋奖”。这是他继1986年获得里根总统授予的美国国家科学勋章后,又一次获得的崇高荣誉。美国顾问工程师理事会颁发的“功勋奖”每年度只授一人。林同炎是获此殊荣的第一位华裔学者。

10日

11月

11日
11月

1997年11月11日 “中国成都高性能计算中心”建成挂牌仪式在我校举行。该项目是经国家科委批准建立的。中心拥有“曙光1000”高性能计算机，其整机浮点运算速度为25.6亿次/秒，32个主计算节点(CPU),内存1000兆，是当时西南和西北地区唯一的国家级高性能计算中心。

1999年11月11日 由西南交通大学、机械工业部上海材料研究所、清华大学和法国里昂大学联合主办的“国际微动摩擦学专题会议”在我校举行，这是在我国第一次召开该领域国际学术会议。

1986年11月12日　美国现代建筑与都市规划访问团团长黄匡原教授应邀来校和成都分部同学举行座谈会，黄匡原是我校土木系1945届校友、英国皇家建筑学院院士，这次回母校期间，被聘为我校顾问教授。

1989年11月12日　我校老校友、老校长、老教授、著名桥梁专家茅以升同志不幸在北京病逝。学校召开第二十五次校务会议，决定为茅老制作一尊半身铜像，以志纪念。

2004年11月12日　西南交通大学董事会第十次董事大会召开。

12日

11月

13日
11月

1999年11月13日　我校1946届校友、中国科学院院士、“两弹一星”功勋奖章获得者陈能宽接受我校授予他的名誉教授称号，并为我校同学作学术报告。

陈能宽校友

14日

11月

1922年11月15日　蔡和森在《向导》第十期发表了题为“唐山学生援助罢工之模范”的文章，高度评价了我校学生支援罢工工人的行动。文章指出：“唐山路矿大学学生三百余名，为援助罢工于13日在街市巡游，募集罢工基金。这样的消息，不但在劳动运动史上为重要；在民族运动史上尤为重要；而且是中国智识阶级到了真正觉悟的路上之明证。”

1994年11月15日　我国第一条常导磁浮车实验线在我校建成。该实验线长43米，装有我校自行研究设计制造的磁浮车，主研人为连级三教授。该悬浮车的研制成功并通过鉴定，表明我国磁悬浮稳定控制的关键理论和技术已得到解决。

2000年11月15日　我校荣获全国大学生数学建模竞赛一等奖3项、二等奖4项和全国大学生电子设计竞赛一等奖1项。获奖数量和级别名列全国、全省之首。

15日

11月

11月 16日

1979年11月16日　学校党委就我校校址问题，向铁道部党组，并通过铁道部党组向党中央、国务院提出学校迁回河北石家庄或迁往成都的建议。

2012年11月16日　国家发展改革委员会在深圳会展中心召开“国家创新能力建设和国家信息化建设授牌表彰大会及国家工程研究中心建设二十周年主题论坛”。我校牵头建设的陆地交通地质灾害防治技术国家工程实验室，以及综合交通运输智能化国家地方联合工程实验室在会上获国家发改委正式授牌。

2013年11月16日　西南（唐山）交通大学河北校友会成立，推举王合法为会长。

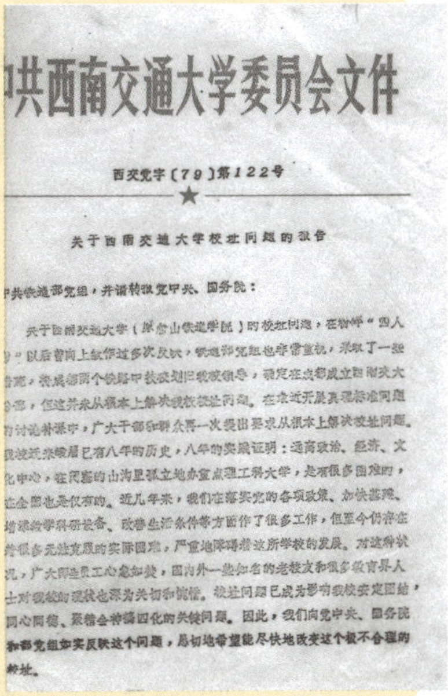

中共西南交通大学委员会文件

西交党字〔79〕第122号

关于西南交通大学校址问题的报告

中共铁道部党组，并请转报党中央、国务院：

关于西南交通大学（原唐山铁道学院）的校址问题，在粉碎“四人帮”以后曾向上级作过多次反映，铁道部党组也非常重视，采取了一些措施，将成都两个铁路中专校划归我校领导，确定在成都成立西南交大分部，但这并未从根本上解决我校校址问题。在最近开展真理标准问题的讨论补课中，广大干部和群众再一次提出要求从根本上解决校址问题。我校迁来峨眉已有八年的历史，八年的实践证明：远离政治、经济、文化中心，在闭塞的山沟里孤立地办重点理工科大学，是有很多困难的，在全国也是仅有的。近几年来，我们在落实党的各项政策、加快基建、增添教学科研设备、改善生活条件等方面作了很多工作，但至今仍存在着很多无法克服的实际困难，严重地障碍着这所学校的发展。对这种状况，广大师生员工心急如焚，国内外一些知名的老校友和很多教育界人士对我校的现状也深为关切和忧虑。校址问题已成为影响我校安定团结，同心同德、聚精会神搞四化的关键问题。因此，我们向党中央、国务院和部党组如实反映这个问题，恳切地希望能尽快地改变这个极不合理的校址。

11月17日

1938年11月17日　由于长沙大火，我校师生决定离开杨家滩。当时，有人主张经安南转滇越铁路去昆明，有人主张去贵州省。究竟该向何处去？最终，我校师生仅决定先往西行。

1948年11月17日　院务会议开会，经过辩论，决定南迁。师生员工开始分批南下。

1971年11月17日　交通部军管会韩卫民副主任向在唐山的干部作《关于搬迁峨眉的动员报告》，指出：内迁峨眉是1964年中央就决定了的，1966年搬去一部分，后因“文化大革命”爆发长期未能搬迁。现在根据形势发展的需要，应尽快搬迁，结束一校两地的局面，以利于教育革命的进行。

1944年11月18日　我校1933届校友林同骅和同事制作完成的C-0101型运输机完成处女航。此机为我国自行设计制造试飞成功的首架运输机。该机总重量10000磅，飞行高度15000英尺，航程1000英里。

1992年11月18—24日　桥隧系1957级校友毕业30年返校团聚。

18日

11月

1922年11月18日　1922年10月底，开滦工人举行大罢工。11月13日，我校学生上街游行，声援开滦工人并为其募捐。校长俞文鼎闻讯后大怒，贴出布告要将带头游行募捐的五名学生开除。同学们群情激愤，与学校交涉未果后致电总统、国务院、交通部要求撤换俞文鼎，并宣布从16日起罢课。11月17日上午，吴佩孚部队的旅长董政国率140多名武装军人包围了学校，监视学生活动。11月18日，校长俞文鼎贴出布告，宣布“奉部令，解散学校，勒令全体学生立即离校，不准在唐山逗留”。董政国带领荷枪实弹的士兵，搜捕被开除的五名学生，同时押解其他学生上火车强行送往天津、北京，予以遣散。这是我校历史上有名的“驱俞斗争”，充分显示了交大学生团结一致、不畏强暴、追求正义的顽强精神。1923年1月16日，俞文鼎被免职，驱俞斗争获得了胜利。

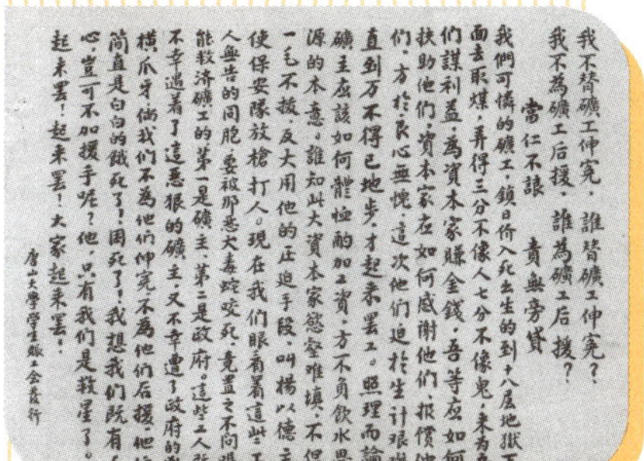
我不替礦工伸冤，誰替礦工伸冤？
我不為礦工后援，誰為礦工后援？
當仁不讓　責無旁貸
我們可憐的礦工，鎮日價入死出生的到十八層地獄下面去取煤，弄得三分不像人七分不像鬼，來為吾們謀利益，為資本家賺金錢，吾等應如何扶助他們，資本家應如何感謝他們，報償他們，方於良心無愧，這次他們迫於生計艱難直到万不得已地步，才起來罢工。照理而論，礦主應該如何體恤酌加工資，方不負飲水思源的本意。誰知此大資本家慾壑難填，不但一毛不拔，反大用他的压迫手段，叫楊以德主使保安隊放槍打人。現在我們眼看着這些工人無告的同胞，要被那惡大毒蛇咬死，竟置之不問嗎？能救濟礦工的第一是礦主，第二是政府。這些工人既不幸遇着了這惡狠的礦主，又不幸遭了政府的兇横爪牙，倘我們不為他們伸冤，不為他們后援，他們简直是白白的餓死了！困死了！我想我們既有人心，豈可不加援手嗎？他，只有我們是救星了。
起來罢！起來罢！大家起來罢！
唐山大學學生救工会发行

1896年11月19日　上海《新闻报》刊登《山海关路矿学堂暂行试办章程》。

2005年11月19日　我校国家大学科技园顺利通过教育部、科技部专家组的验收评估。

2011年11月19日　“第四届全国大学生广告艺术大赛”颁奖典礼在人民大会堂举行，我校获得此项赛事最高荣誉奖——“创意我绽放大奖”。

19日

11月

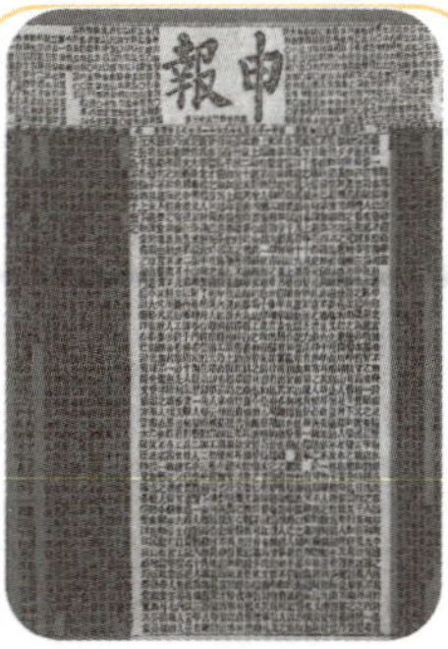

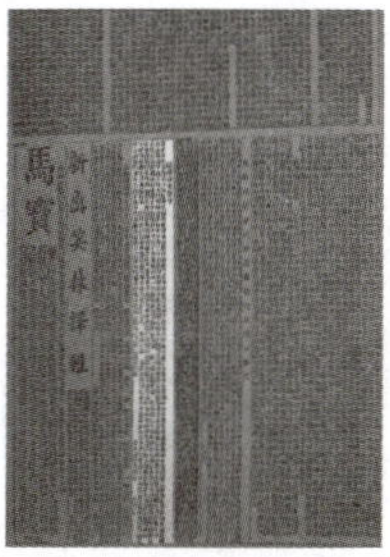

20日
11月

1896年11月20日　北洋铁路总局在上海《新闻报》和《申报》上刊登铁路学堂招生广告。招生公告主要内容如下：①铁路学堂由北洋铁路局领导；②专业设置：桥梁和铁路工程；③招生名额：40名；④学制：三年（另有三个月试读，不合格者取消入学资格）。这是我校历史上的首次招生。

1995年11月20日　国家教委通知我校6位教授被聘为国家教委“第三届高等学校工科基础课程教学指导委员会及专业教学指导委员会”委员。任期为1995—2000年。他们分别是：工科数学课程指导委员会委员徐扬；工科力学课程指导委员会委员谢建华(基础力学)、杜正国(结构力学)；工科制图课程指导委员会副主任卢传贤；工科机械基础课程指导委员会委员吴鹿鸣；管理专业教学指导委员会委员龙志和。

1948年11月21日　最后一批师生员工200余人离开唐山。全部图书设备亦装箱南运。30余名未随学校南迁的学生在学校党组织的帮助下去了冀东解放区。

2008年11月21日　我校2006级学生张瑞婷同学在众多参赛选手中，通过层层选拔，以四川赛区特等奖（第一名）的成绩晋级全国比赛，最后凭借雄厚的实力一路闯关，一举夺得"CCTV杯"全国英语演讲大赛亚军。这是我校学子当时在此项赛事中取得的最好成绩，也是当时四川省近三年来获此奖项的唯一一人。

2009年11月21日　电气工程学院举行建院60周年院庆。同日，曹建猷教授基金在我校隆重启动。

21日

11月

22日
11月

1897年11月22日　接路局命令，全体学生乘车前往山海关（或称榆关）。学堂选定校址，定名“山海关北洋铁路学堂”（Imperial Chinese Railway College）。同时，还确定了课程设置。

1989年11月22日　我校副校长白家棣率领钱治平、顾兆泰、王兆祥等一行5人，代表学校前往北京参加老校长茅以升教授的追悼大会并敬献花圈。他们在参加追悼活动期间，前往茅老家中，亲切看望和慰问了茅老的亲属。

黄万里塑像揭幕

23日
11月

1978年11月23日　全国人大常委委员、中国科学院副院长、著名数学家华罗庚教授来校视察，受到全校师生员工热烈欢迎。

2012年11月23日　交通大学南加州校友会2012年会暨创会70周年庆典大会在洛杉矶召开。

2013年11月23日　黄万里校友纪念雕塑揭幕仪式在我校犀浦校区举行。

24日
11月

中国工程院院士王梦恕来我校

1958年11月24日　铁道部协同中国科学院技术科学部征集长江三大桥(桥址是南京、枝城及芜湖)设计方案。要求我校为南京长江大桥提出方案设计。1985年，大桥工程局的南京长江大桥建桥新技术得到国家科技进步特等奖。对于我校的张万久、吴炳焜和钱冬生三位教授，大桥局特专发荣誉奖。

1987年11月24日　我校接国家教委“大学生英语四、六级标准考试设计组”寄来的成绩通知书，我校通过率、及格率、总平均分等项指标均高于全国重点院校总平均数。其中有2名同学获100分(满分)，31名同学取得了85分以上的好成绩。

1990年11月24日　1990年我校共有17项科研成果获省、部级以上奖励，其中：国家科技进步二等奖1项、三等奖1项；铁道部科技进步二等奖3项、三等奖1项；国家教委科技进步三等奖3项。

同日　我校校友、中国工程院院士王梦恕受聘为我校名誉教授。

1956年11月25日　我校曹建猷教授在《人民日报》上发表《我国铁路电气化的途径》一文，并由《新华半月刊》当年第24期予以转载。文章对当时国内外争论不下的“交流制”和“直流制”提出了肯定的论据与建议，被铁道部采用。1957年经国家正式批准，采用工频交流制，使得我国电气化铁道从一开始就以世界先进技术水平发展，从而节约了能耗、减少了投资、提高了运量，为我国铁路运输创造了巨大的经济及社会效益。这一标准也适合发展我国高速及重载列车牵引的需要。

25日

11月

1934年11月25日　伪冀东防共自治政府成立，汉奸殷汝耕粉墨登场。冀东二十二县易帜，唯独我校仍可升中国国旗。人们慨叹曰：“冀东唯唐山交大一片干净土矣！”

26日
11月

1988年11月26日　当日开通运营的位于广东省境内衡广复线的大瑶山隧道，凝结了我校广大校友的心血和汗水，技术负责人、我校1961届校友王梦恕院士就是其中的杰出代表。他在工程中开发新技术、新方法、新工艺，并用于指导设计和施工，为工程建设做出了重要贡献。

2008年11月26日　我校2006级学生张瑞婷获得“CCTV杯”全国英语演讲大赛总决赛亚军。

1938年11月27日　我校师生从杨家滩出发徒步走了四天到达洪桥(今祁东站)。然后乘火车于11月27日到达桂林。在校友们热情的安排下，师生们大部分住在县前街广梅铁路测量队，其余住在象鼻山云峰寺。

2010年11月27日　我校本科生参赛队在“设”想家——全国大学生抗震建筑设计挑战赛上获得总冠军。

27日

11月

28日
11月

1985年11月28日　我校开始实行校领导“学生接待日”。
2009年11月28日　第三届全国大学生结构设计竞赛在同济大学落下帷幕。经过三天紧张的现场制作和一天激烈的加载测试，由我校吕伟、唐锐、牛立3名同学组成的代表队以第一名的优异成绩荣获特等奖，这是继我校在2005年第一届竞赛中获得二等奖以来的历史性突破。全国大学生结构设计竞赛由教育部、住房和城乡建设部、中国土木工程学会联合举办，为教育部确定的全国大学生九大学科竞赛之一。该次竞赛有内地和港澳地区58所高校59支队伍参赛。
2012年11月28日　团中央、教育部、中国科协和全国学联共同主办的第八届“挑战杯”中国大学生创业计划竞赛终审决赛于当日落幕，我校“美卓（Maestro)听觉传播工作室”项目与来自清华大学、北京大学、上海交通大学、复旦大学以及港澳台地区共162所高校的223件作品同台竞技，荣获全国银奖。该项目通过我校第七届“萌芽杯”大学生创业竞赛暨2012年第二届海峡两岸“交大杯”大学生创业竞赛层层选拔，并于2013年6月荣获第六届成都青年创业大赛第一名。

2012年11月29日　为缅怀我校1931届校友、美国国家工程院首位亚裔院士、世界著名结构大师、在业界享有“预应力混凝土先生”美誉的林同炎先生诞辰100周年，林同炎纪念雕塑在犀浦新校区揭幕。

29日 11月

1993年11月29日　经铁道部教育司同意，我校1993年增设及备案的专业有：国际贸易、管理信息系统、工商行政管理。

1997年11月29日　我校副校长钮小明在11月29日中国国民党革命委员会第九届中央委员会第一次全体会议上当选为民革第九届中央委员会副主席。

1999年11月29日　学校在学术交流中心院士厅隆重举行仪式，聘请我国著名经济学家、哲学家、中国科学院院士于光远先生为我校名誉教授。

2006年11月29日　国家自然科学基金委员会批准我校钱林茂教授荣获2006年度国家杰出青年科技基金（资助金额200万元）。至此，我校成为全国机械工程领域荣获国家杰出青年基金最多的单位。

2008年11月　我校1981级校友景刚博士入选美国质量学会会士。

30日

11月

1日 12月

唐山大學校友會天津部攝影

1937年12月1日　由于抗战全面爆发，我校学生纷纷前往上海、南昌等地。获悉学校决定在湘潭复课，黄寿恒、许元启二位教授率领在南昌集中起来的学生乘船于当日到达湘潭。

1989年12月1日　我校第一本校友刊物——《校友通讯》由上海校友联谊会编辑出版，责任编辑为陈学甫。

1992年12月1日　学校决定1993年新增8个本科专业方向和3个专科专业方向，并同时开始招收新生。新增的8个本科专业方向分别是国际贸易、工商管理、汽车与拖拉机、通信工程、管理信息系统、检测技术及仪器仪表、光电子技术、数量经济学。新增的3个专科专业方向，即房地产管理、土地管理与地籍测量、日语(外贸)。

2日
12月

2007年12月2日 交通大学美国南加州校友会在洛杉矶举行2007年年会，隆重庆祝母校110周年华诞。我校校友颜利平博士担任新一届校友会会长。

2009年12月2日 中国工程院对外宣布，2009年院士增选工作结束，共产生48名新院士。其中，我校校友何华武、秦顺全当选为中国工程院院士，是新当选的土木、水利与建筑工程学部6人中的两名。

南加州校友会领导团队

何华武

秦顺全

1938年12月2日 日寇飞机轰炸桂林。少得可怜的一些图书、仪器、档案及80余名同学的书籍和行李、衣物等损失殆尽。我校师生于次日匆忙离开桂林市区，到离市区约30里处的两江师范学校(校长是著名漫画家丰子恺)暂时躲避。

1981年12月2日 经国务院批准，我校为全国第一批有权授予博士、硕士学位的单位。准予授予博士学位的学科、专业有：固体力学，桥梁、隧道、结构工程，铁道牵引电气化与自动化。准予授予硕士学位的学科和专业有：基础数学、结构力学、固体力学、金属材料及热处理、电磁场与微波技术、计算机运用、工程地质、铁道工程、桥梁隧道及结构工程、铁道牵引电气化与自动化、机车车辆等11个。

1992年12月3日　我校青年讲师黄洪钟，由于在机械系统模糊—随机可靠性理论研究方面取得的成绩，在第二届全国可靠性学术会议(RSCM'92)上被大会破例增选为中国可靠性学会理事。

3日
12月

1993年12月3—17日　大陆四所交通大学校长受交通大学台湾校友会殷之浩会长的邀请，访问台湾。

1944年12月4日　全体师生离开惨淡经营了六年的平越校舍。幸有茅以升、赵祖康等校友在重庆组织的校友会于沿途联系予以协助，致使师生们虽长途跋涉，但吃住尚可获得解决。师生大部分于年末到达重庆。

谭靖夷校友

佘畯南校友

2003年12月4日　我校新增信息与通信工程博士后科研流动站。

2011年12月4日　我校北京校友会2011年年会暨理事会换届大会召开。

钱清泉

1997年12月4日　我校钱清泉教授当选为中国工程院院士，与他同时当选的工程院院士还有我校佘畯南、谭靖夷校友。

4日

12月

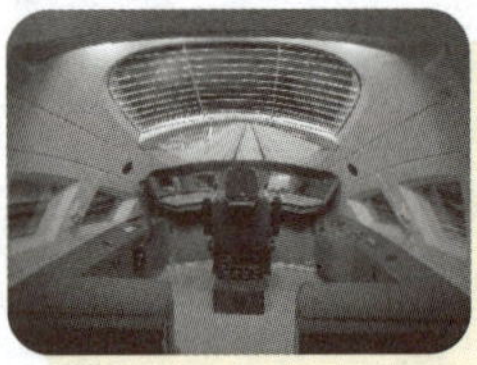

1981年12月5日　我校隆重举行1981届研究生毕业典礼，向33名毕业生颁发毕业证书。这是“文化大革命”结束后我校的首届毕业研究生。

1990年12月5日　校务处会议决定：在校长办公室下设校友校史工作办公室。

5日
12月

铁道部“211”工程专家组考察我校实验室

6 日
12月

1993年12月6日　国家教委同意铁道部对我校进行“211”工程重点建设项目预审工作。

同日　西南交通大学景福奖学金签字仪式及首次颁奖仪式在第三会议室举行。自1993年开始，香港景福精密有限公司出资在我校设奖学金，为每年级1～2名品学兼优、经济困难的学生提供生活费1200元／年，学杂费补助200元／年。香港景福精密有限公司总裁李锦照、总经理邝照铭先生、我校副校长陈成澍出席了签字仪式。

同日　国际模糊数学研究院决定在我校设立国际模糊数学研究院的分支机构，可使用国际模糊数学研究院的标志和冠以国际模糊数学研究院的名称。

1948年12月6日　最后一批南迁的师生员工到达上海。先后到达上海的师生员工大部分住在上海交通大学里。

7 日
12月

2010年12月7日　我校与国际铁路联盟签字仪式在北京国际会议中心举行。国际铁路联盟是一个促进国际铁路合作和发展的国际组织。根据协议，我校和国际铁路联盟将互派专业人员，在铁路技术培训、技术研究等方面开展学术交流，致力于铁路研究国际化。

2011年12月8日　我校1980级电力机车专业丁荣军校友当选中国工程院机械与载运工程学部院士。

丁荣军

8日

12月

- 2002年12月8日　西南交通大学犀浦新校区开工典礼隆重举行。
- 2008年12月8日　教育部、财政部批准了我校“轨道交通运输工程优势学科创新平台”项目，这标志着我校进入了国家高水平大学建设行列。
- 2012年12月8日　由我校学生自编自导自演的大型原创励志话剧《茅以升》在九里校区大学生会堂举行首场公演。茅以升先生的女儿、北京茅以升科技教育基金会秘书长茅玉麟女士莅临现场观看了演出并给予高度评价。
- 同日　我校2011级研究生张羽同学荣获全国英语演讲大赛一等奖。

1938年12月9日　在两江休整了五天后，是日起，全体师生分批从两江出发，含辛茹苦，继续西行，经永福、黄冕、鹿寨、雒容，晓行夜宿，向柳州进发。途中常常宿在破庙里，困苦凄惨难以言状。虽然如此，师生团结互助，齐心协力，并得到沿途在湘桂线上施工的校友们的很大帮助，从而克服了各种困难。行进中学校注意安排同学们的文娱活动，不时可以听见昂扬的《中华民族解放先锋队队歌》等歌声。

2006年12月9日　在第五十一次校长工作会议上，研究部署了我校参加铁道部京津城际客运专线站后系统集成有关工作。京津城际客运专线建设是我国铁路跨越式发展关键建设项目之一，也是2008年北京奥运会建设配套项目之一。

9日

12月

校友李树深院士

中科院院长向翟婉明颁发院士证书

2011年12月9日　我校牵引动力国家重点实验室翟婉明教授当选中科院科学部院士，1986级理论物理专业硕士李树深校友当选中科院信息技术科学部院士。

● 1958年12月10日　按照中共唐山市委的指示，我校抽调干部、教职工近20人，支援新建的唐山矿业学院。

● 1994年12月10日　在首届全国大学生电子设计竞赛中，我校郑雪、戈瑗、姚键等三位同学获全国一等奖、四川省一等奖，张旭波、刘庆棠、张志云三位同学获四川省二等奖。

10日
12月

2006年12月10日　我校教师刘静勇夺多哈亚运会女子100米栏金牌。

11日
12月

早期峨眉校区校门

早期峨眉校区借用的农舍

12日
12月

2004年12月12日　我校机械工程学院汽车专业代表队在广州举办的第三届中国大学生汽车知识大奖赛中位列团体总分第二名。

1989年12月13日　我校公布试行《西南交通大学学生守则》(试行草案)。

1992年12月13日　国家教委首届高校出版社优秀学术著作评奖揭晓，我校出版社出版的《运动稳定性》(舒仲周教授著)和《组合设计与编码》(靳蕃教授著)获优秀奖。

1993年12月13日　校党委决定：张重兴同志任校友办公室主任。

2005年12月13日　我校“生产管理”“选线设计”“高电压技术”“材料力学”4门课程入选国家精品课程，入选数量居西南地区高校第一。

13日

12月

1920年12月14日　交通总长叶恭绰以“交通要政亟需专才，拟定统一教育办法，以容造化”为由，提请国务会议审议将北京邮电学校、北京铁路管理学院、上海工业专门学校、唐山工业专门学校合并，成立交通大学。15日，国务会议通过叶恭绰成立交通大学的提案。

1980年12月14日　本校校友、美籍华人学者林同炎、顾毓琇、陈乃东、杨裕球、陆恂如、刘建如、陆孝铿、黄为栋、黄克雄联名于旧金山写信给我校，对母校发展极为关心，并赠给母校最新工程参考用书，以作纪念。

1992年12月14日　宏宇教育基金会第一次理事会在我校召开。宏宇教育基金由我校校友、时任澳门宏宇建筑设计公司董事、总经理张万宇先生捐赠设立。张万宇先生及夫人专程来校参加了理事会。

2006年12月14日　学校举行庆功会，表彰在多哈亚运会上以12秒93的成绩夺得女子100米栏金牌的刘静老师。

14日
12月

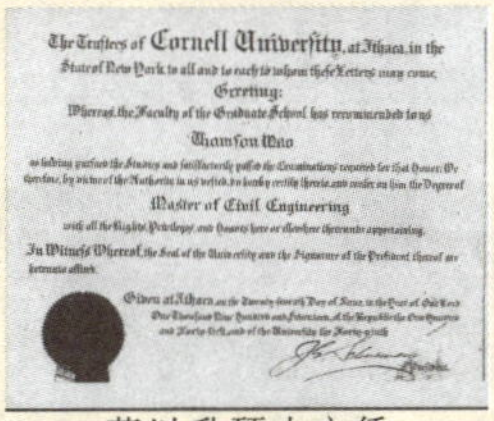
The Trustees of Cornell University, at Ithaca, in the State of New York, to all and to each to whom these Letters may come, Greeting:

Whereas, the Faculty of the Graduate School has recommended to us

Thomson Mao

Master of Civil Engineering

In Witness Whereof, the Seal of the University and the Signature of the President thereof are hereunto affixed.

Given at Ithaca

茅以升硕士文凭

CARNEGIE INSTITUTE OF TECHNOLOGY

DIVISION OF SCIENCE AND ENGINEERING

Thomson Eason Mao

DOCTOR OF ENGINEERING

茅以升博士文凭

15日 12月

1937年12月15日　在湘黔铁路局局长侯家源、副局长裴益祥、总工程师庆承道等校友大力支援下，我校择定湘潭钱家巷福音堂和完工未投入使用的车站票房为临时课堂，窑湾一幢空房为学生宿舍，在极其简陋的条件下，是日在钱家巷临时校址举行了开学典礼。历经逃难、流浪、奔波后，学校终于安定下来，弦歌再续了。16日，除矿冶系高年级因师资未到齐无人授课外，各年级均正式上课。

2009年12月15日　由我校胡厚田、白志勇老师编写，高等教育出版社出版的《土木工程地质》（第二版）教材入选2009年度“普通高等教育精品教材”。至此，学校共有3种教材成为“普通高等教育精品教材”。

2011年12月15日　北京校友会召开2011年年会暨理事会换届大会。

我校博士留学生毕业合影

校庆表演节目

2005年12月16日　根据基金委发布的《国家自然科学基金资助项目批准通知》，我校以周仲荣教授为学术带头人的创新团队所开发的“高速列车运行安全的关键科学技术问题研究”项目获准国家自然科学创新研究群体科学基金资助。这是全国机械学科领域第1个、省内第2个国家级创新团队，标志着我校创新团队建设进入了新阶段。

16日

12月

17日
12月

2001年12月17日　王欲之教授获2001年度中国真空学会科技成就奖。

1991年12月17日　西南（唐山）交通大学杭州校友联谊会成立。

杭州校友会、浙江校友2006年捐资建设的浙园

18日
12月

2005年12月18日　我校校友、青藏铁路公司副总经理兼青藏铁路建设总指挥拉萨指挥部指挥长吴维洲荣获第十六届“中国十大杰出青年”称号。

2013年12月18日　我校著名校友张维诞辰100周年之际，其纪念雕塑在犀浦校区1号教学楼侧正式揭幕落成。

张维校友纪念雕塑

1978年12月19日　清华大学副校长、本校校友张维教授来峨眉探望母校并作学术报告。报告的题目是“当前我国高等教育中存在的重大问题”。

2004年12月19日　由我校于万聚教授主持研制的国际招标中标项目——“JJC-1型接触网检测车”通过铁道部组织的技术鉴定。鉴定意见为：“JJC-1型接触网检测车处于国内外领先水平，其中杆位监测、快速智能图像字幕合成的监视系统达到国际先进水平。”

2012年12月19日　2012年中国创新设计红星奖颁奖典礼在北京万事达中心举行。我校徐伯初教授团队荣获两项“中国创新设计红星奖”。这是我校首次获得该重要奖项。

19日

12月

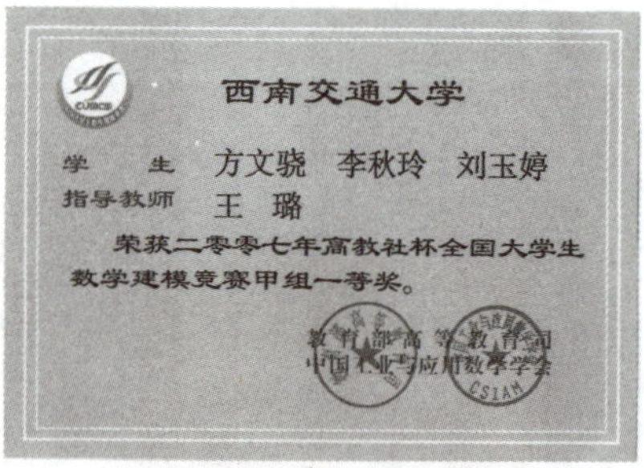

全国大学生数学建模竞赛一等奖

全国大学生节能减排竞赛一等奖

2002年12月20日　我校与四川爱乐文化传播有限责任公司共同组建西南交通大学（爱乐）表演艺术学院的协议签字仪式在我校举行。
2005年12月20日　我校与中国宋庆龄基金会签订宝马优秀大学生奖励基金项目合作协议书。

20日
12月

1986年12月21日　只身首漂长江英勇献身的我校电教室青年摄影员尧茂书，被民政部批准为烈士。根据尧茂书烈士的生前要求和一贯表现，中共四川省委于23日批准我校党委关于追认尧茂书同志为中共党员的报告，追认尧茂书同志为中共正式党员。1989年12月13日，尧茂书入选“80年代我心中的卓越青年”。该评选活动由《上海青年报》和上海20所高校共同发起。

21日 12月

- 1990年12月21日　在国家教委和国家科委联合召开的全国高校科技工作会上，我校孙翔、钱清泉、王金诺三位教授被授予“全国高等学校先进科技工作者”称号；机车车辆研究所被授予“全国高等学校科技工作先进集体”称号；曹建猷、车惠民、孙训方、郭可詹、任朗、孙竹生、刘成宇、吴炳焜、钱冬生、徐昭鑫、黄棠、劳远昌、谢幼藩、路湛沁、朱育万、高渠清16位教授从事高校科技工作40年，成绩显著，被授予荣誉证书。

- 1998年12月21日　我校校友张维、严恺、李温平等12位校友，发起倡议设立“罗忠忱教授奖学基金”。

22日
12月

犀浦校区开工典礼

23日
12月

2012年12月23日　西南（唐山）交通大学广西校友会成立，选举金宁运为会长。

广 西 校 友 会 成 立 大 会 合 影

24日
12月

1956年12月24日　我校原电气运输系更名为电机系。原电气运输专业更名为铁道电气化专业。

25日
12月

1950年12月25日　越南干部留学生阮蕃奎等19人，来我校学习桥梁工程(越南留学生干部专修班)，于1954年3月下旬毕业回国。越南驻华大使黄文欢来我校，参加了上述在我校学习的第一批越南留学生的毕业典礼。

同日　我校第一期厂长、总工程师岗位职务培训班结业典礼在科技交流中心举行。培训班为期四个半月，学员63人。

1991年12月25日　我校研制的我国第一辆换代电气化铁道接触网检测车获得成功。

26日

12月

2000年12月26日　学校成立西南交通大学网络教育学院。

2012年12月26日　学校在犀浦校区四食堂二楼举行首期“校长的午餐会”活动，由校长邀请本科生代表共进午餐并对学校发展建言献策。《中国教育报》《华西都市报》等媒体对活动进行了报道。

27日
12月

- 2006年12月27日　我校交通运输学院铁道运输工程专业1982届校友王争鸣、土木工程学院桥梁专业1984届校友徐恭义，被中华人民共和国建设部授予“全国工程勘察设计大师”称号。全国工程勘察设计大师是勘察设计行业的国家级荣誉称号，每两年（偶数）评选一次，每次评选名额一般不超过20名。王争鸣时任铁道第一勘察设计院院长。徐恭义时任中铁大桥勘测设计院有限公司副总工程师。

28日
12月

1994年12月28日　令海内外校友瞩目的校友厅工程正式奠基开工。

2004年12月28日　学校聘请英国皇家工程院院士宋永华教授为我校名誉教授。

29 日

12月

2009年12月29日　秦顺全院士、校友受聘我校双聘院士。

30日
12月

1960年12月30日　电机系创建了无线电、计算技术与自动化两个新专业，并于当年招生(后该两专业在1962年贯彻中央“调整、巩固、充实、提高”的八字方针时，又相继停办)。
同日　铁道部基建总局委托我校钱冬生教授担任《铁路焊接钢桥和制造暂行技术规范》修订组组长。
1994年12月30日　我校教授沈志云、翟婉明获得首届“詹天佑铁道科技发展基金奖”。

1981年12月31日　自1979年以来我校接待了美、英、日、德等国专家学者26批、130人，其中较大型代表团4个。派出11名访问学者去美、英、法、德等国进行考察，4名教师出国参加工作，4名研究生出国进修学习。15名教师、干部出国参加各种学术会议(包括校友联谊会)，与美国康奈尔大学、佐治亚理工学院签署了校际联系协议，接受4名留学生，聘请林同炎为名誉教授，还受旅行社委托为45名外宾、55名港澳同胞、华侨提供了服务。

2000年12月31日　世界上第一辆载人“高温超导磁悬浮车”在我校研制成功。该载人“高温超导磁悬浮车”最大悬浮重量700千克，永磁导轨长15.5米，直线电机推进，加速度1米/秒^2,采用全自动控制系统。它的研制成功，标志着我国在高温超导磁悬浮应用基础研究和高温超导磁悬浮车系统技术方面达到了世界领先水平。

1995年12月　百年校庆前夕，多地校友会和校友个人发出倡议，自愿向母校捐资设立“西南（唐山）交通大学校友基金”。在北京的20世纪30年代毕业的老校友捐赠老教授罗忠忱塑像。

2009年12月　我校1982届校友，中铁第四勘察设计院集团有限公司总工程师王玉泽、铁道部第一勘察设计院副院长刘培硕被授予“全国工程勘察设计大师”称号。

31日
12月

1990年　我校邵厚坤、林在贯、陈雨荪、王步云校友当选首批全国工程勘察设计大师。

1992年　我校1942届校友张馥葵荣获1992年美国土木工程师学会诺布灵奖章，以表彰他40多年来在美国桥梁工程领域取得的巨大成就。张馥葵供职于美国纽约阿曼温特利工程顾问公司，是合伙人兼总裁之一。

1994年　我校胡惠泉、王三一、曹克明、史玉新校友当选第二批全国工程勘察设计大师。

1995年　我校彭一刚校友当选中国科学院院士，陈清如、邱竹贤、龙驭球校友当选中国工程院院士。

1997年　西南（唐山）交通大学四川校友会在成都西南交通大学召开了成立大会。

1999年　我校薛禹群校友当选中国科学院院士，施仲衡校友当选中国工程院院士。

2001年　我校葛昌杶校友当选中国科学院院士，王三一校友当选中国工程院院士。

2004年　我校马庭林校友当选第四批全国工程勘察设计大师。

同年　我校2003级土木学院茅以升班苟超同学荣获全国“十佳大学生”荣誉称号。

后记

去年8月，我们为在校的青年学子编了一本关于母校历史的小书。在后记中我们写到：

西南交通大学的历史是厚重的。面对跨越三个世纪的历史，就像摊开了一本厚厚的大书，既令人敬，也令人畏。敬的是一代代交大人薪尽火传，铸就了“一部交大史，半部交通史”的辉煌；畏的是一个多世纪的积累和沉淀，其精神和传统就像一座高山，横亘在面前，只能“仰止”。

因此，我们力图把小书编得尽量轻松些，活泼些，作为供年轻学子“轻松”阅读“厚重”的学校历史的一个尝试。

书出版后，一些校友看到了，表达了对编者的谬奖。我们本以为，校友们已走上社会，其中资深的校友已经历了奋斗、挫折、成功的历程，都已开始续写母校的历史，或许更愿意从更深入的角度观察和体认母校的风雨百年。

或许可以这样理解：无论年龄长幼，无论居庙堂之高还是处江湖之远，母校在每个校友的心中都像是自己的母亲，自己在母亲面前则永远是个孩子。和在校的青年学子一样，他们对母校怀的仍然是一颗赤子之心。

基于校友的喜爱，我们又为身在海内外各地但心永远在母校的广大校友编了这本书。相比前一本书，这本书在内容上做了较大调整，补充了大量反映校友心系母校和校友之间互助互爱的内容，图片也相应做了调整。

我们把这项工作视为对广大校友们感激、祝福之情的一点表达。限于水平和时间，有些图文或有缺漏、不当甚至错讹之处，恳请指出，我们定当认真修改。

附识：为编写本书做出贡献的还有高峰、张阿支、崔啸晨、黄素华、赵保中、李志文、杨莉、巨敏莲、蒋洪林、张芹、王莉、赵东黎、周欣、任彦柯等，特此说明。

本书编者

2014年4月8日

更多关于母校的故事，记录在“竢实扬华文化丛书”中。

竢实扬华文化丛书

竢实扬华　自强不息

——从山海关北洋铁路官学堂到西南交通大学（上卷）

竢实扬华　自强不息

——从山海关北洋铁路官学堂到西南交通大学（下卷）

八千里路云和月

——西南（唐山）交通大学百余年迁校建校的曲折历程（1896—2005）

回　眸

——西南交通大学110周年历史掠影

流金岁月

——西南交通大学校园故事集

梦起飞的地方

春华秋实（第一卷）

——西南交通大学杰出校友风采录

一代工程天骄

——预应力混凝土先生林同炎

当祖国召唤的时候

——交大（唐院）抗美援朝工程队纪实

竢實揚華